Stefan Scheller/Christian Beck

Praxisleitfaden Homeoffice und mobiles Arbeiten

Organisatorische, rechtliche und arbeitspsychologische
Herausforderungen erfolgreich meistern

D1695545

DATEV eG, 90329 Nürnberg (Verlag)

Praxisleitfaden Homeoffice und mobiles Arbeiten

© 2021 Alle Rechte, insbesondere das Verlagsrecht, allein beim Herausgeber.

Printed in Germany

CPI Books GmbH, Birkstraße 10, 25917 Leck (Druck)

Angaben ohne Gewähr

Titelbild: © Zaripov Andrei – stock.adobe.com

Stand: Mai 2021

DATEV-Artikelnummer: 35476/2021-05-01

E-Mail: literatur@service.datev.de   ISBN 978-3-96276-048-9

Auch als E-Book erhältlich (Art.-Nr.: 12480)   ISBN 978-3-96276-049-6

Stefan Scheller

Stefan Scheller ist Gründer von PERSOBLOGGER.DE, einem der bekanntesten deutschsprachigen Online-Portale für HR-Praktiker. Auf der Plattform finden Personaler aktuelle Fachinformationen, Studien und Infografiken zum Download, einen Eventkalender sowie eine Jobbörse. Neben Übersichten rund um die HR-Szene (Blogs, Podcasts) werden spannende Startups präsentiert.

In seinem Hauptberuf ist Stefan Scheller als HR-Manager verantwortlich für die Arbeitgeberkommunikation der DATEV eG in Nürnberg und gestaltet durch seine Projekte Unternehmenskultur aktiv mit. Er ist mehrfacher Buchautor, HR-Influencer und Keynote Speaker.

Christian Beck

 Christian Beck, Rechtsanwalt und Fachanwalt für Arbeitsrecht, gründete Anfang 2009 eine ausschließlich auf Arbeitsrecht spezialisierte Kanzlei in der Metropolregion Nürnberg und betreut gemeinsam mit seinen Kollegen deutschlandweit überwiegend Arbeitgeber in allen Fragen des individuellen und kollektiven Arbeitsrechts.

Zuvor war er neun Jahre für einen Kanzleiverbund aus Wirtschaftsprüfern, Steuerberatern und Rechtsanwälten tätig und begleitete schwerpunktmäßig Sanierungen, Restrukturierungen und Unternehmenstransaktionen mittelständischer Unternehmen aus gesellschaftsrechtlicher und arbeitsrechtlicher Sicht. Als Partner leitete er dort bereits verantwortlich das Referat Arbeitsrecht.

Neben seiner anwaltlichen Tätigkeit ist Herr Beck stark als Referent in der Fortbildung engagiert, leitete in den vergangenen Jahren diverse Seminare zu mehr als fünfzig arbeitsrechtlichen Themen und veröffentlichte verschiedene Praxisratgeber.

Editorial

Schon seit vielen Jahren gehören die Arbeitsformen Remotearbeit oder Homeoffice zum Repertoire moderner Unternehmen. Trotzdem hat das Thema durch die Corona-Pandemie und die ersten Kontaktbeschränkungen rund um den Lockdown im März 2020 einen deutlichen Schub erfahren. Die oftmals unter der Fahne „New Work" beworbene Arbeit unabhängig vom Arbeitsort Unternehmen, erhielt einen spürbaren digitalen Push. Sicherlich kennen Sie das Meme aus dem Internet mit der Frage „Wer hat der Digitalisierung zum Durchbruch verholfen?" Als Antwortoptionen wurden „CDO", „CTO" und „COVID-19" angegeben.

Und in der Tat: Der Anteil der über digitale Wege angebundenen Beschäftigten hat sich im Laufe der Pandemie 2020 von 19 % auf 87 % erhöht, wie eine Befragung der Universität St. Gallen sowie der Deutschen Gesellschaft für Personalführung (DGFP e.V.) herausfand.[1]

Aber auch unabhängig von den weiteren Entwicklungen rund um die Pandemie, wird das Homeoffice sowie mobile Arbeit langfristig ein Begleiter auf dem Weg durch die sog. VUKA-Welt werden. Wenn die Arbeitswelt geprägt ist von Volatilität (V), Unsicherheit (U), Komplexität (K) und Ambiguität (A), dann lässt sich dieser insbesondere mit möglichst flexiblen Arbeitsformen begegnen.

Klassische nine-to-five Arbeitserbringung wird es selbstverständlich weiterhin geben. Aber je anpassungsfähiger (neudeutsch: „agiler") Organisationen Arbeit gestalten, umso höher ist die Chance, wirtschaftlich zu überleben.

---

[1] Bruch/Hesse/Hölzl, Home-Office zwischen Aufbruchstimmung und Isolation, Januar 2021

Dieses Praxishandbuch gibt Ihnen einen Überblick rund um die Möglichkeiten virtueller Zusammenarbeit. Es klärt über rechtliche Rahmenbedingungen, Notwendigkeiten und Restriktionen auf und zeigt Ihnen in Form eines Leitfadens die Chancen auf, wie Sie mit Ihren Beschäftigten gemeinsam, professionell und erfolgreich mobile Arbeitsformen nutzen können.

Der Fokus der Darstellungen liegt dabei weniger auf wissenschaftlicher Tiefe sowie einer umfassenden Bearbeitung der Themen als einem in der Praxis schnell anwendbaren Wissen.

Nürnberg, im Mai 2021

Stefan Scheller & Christian Beck

Inhalt

1 | Einleitung/Überblick

„Homeoffice", „Mobile Office", „mobiles Arbeiten", „FlexWork" oder auch technisch gesprochen „Telearbeit", also das Arbeiten nicht wie üblich im Betrieb des Arbeitgebers, hat durch die Corona-Krise wesentlich an Bedeutung gewonnen. Es scheint nahezu sicher, dass viele Arbeitgeber[2] und Arbeitnehmer auch nach dem Ende der Corona-Krise gerne eine flexiblere Gestaltung des Arbeitsortes, eventuell auch der Arbeitszeit beibehalten möchten.

Aus arbeitsrechtlicher Sicht sind die Möglichkeiten der Arbeit außerhalb der klassischen Organisationsformen in nur sehr geringem Umfang geregelt. So ist z. B. nur der Begriff der Telearbeit gesetzlich im Zusammenhang mit dem Arbeitsschutz in der Arbeitsstättenverordnung (§ 2 Abs. 7 ArbStättV) definiert. Die anderen genannten Begriffe oder Organisationsformen unterliegen dagegen nur wenigen gesetzlichen Vorgaben, was einerseits den Parteien des Arbeitsverhältnisses eine große gestalterische Freiheit einräumt, andererseits aber auch exakte Vereinbarungen oder Vorgaben erfordert, um die Umstände der Arbeitsleistung exakt und verlässlich festzulegen.

Auch wenn zuletzt sogar ein zukünftiger gesetzlicher Anspruch auf Homeoffice diskutiert wurde und als „Zeichen der Zeit" wohl in naher Zukunft verabschiedet wird, gibt es nur wenige spezifische gesetzliche Vorschriften, sodass die Zulässigkeit des mobilen Arbeitens – in welcher Erscheinungsform auch

---

[2] In dieser Publikation wird aus Gründen der besseren Lesbarkeit in der Regel das generische Maskulinum verwendet. Die verwendete Sprachform bezieht sich auf alle Geschlechter, hat ausschließlich redaktionelle Gründe und ist wertneutral.

immer – anhand der allgemeinen gesetzlichen Vorgaben, wie etwa aus dem Arbeitszeitgesetz, der Betriebsverfassung, den Arbeitsschutzvorschriften oder den Datenschutzbestimmungen, zu bewerten ist.

1.1 Begriffe und Abgrenzung

Die klassische Arbeitsorganisation geht davon aus, dass sämtliche Tätigkeiten, die nicht zwingend außerhalb der Betriebsstätten des Arbeitgebers durchgeführt werden müssen (z. B. Montagearbeiten beim Kunden vor Ort), im Betrieb des Arbeitgebers nach dessen Weisungen erfolgen. Der Arbeitgeber hat die Pflicht seinen Arbeitnehmer vertragsgemäß zu beschäftigen, woraus die Nebenverpflichtung folgt, den Arbeitnehmer auch tatsächlich hierzu in die Lage zu versetzen. Der Arbeitgeber hat für eine geeignete Organisation zu sorgen und dem Arbeitnehmer einen funktionsfähigen Arbeitsplatz sowie alle zur Vertragserfüllung erforderlichen Betriebsmittel zur Verfügung zu stellen. Dabei sind die Arbeitsschutzvorschriften zu beachten.

Dieses Verständnis korrespondiert mit dem in § 106 GewO geregelten Weisungsrecht, wonach der Arbeitgeber Inhalt, Ort und Zeit der Arbeitsleistung nach billigem Ermessen einseitig näher bestimmen kann, soweit diese Arbeitsbedingungen nicht (bereits) durch den Arbeitsvertrag, Bestimmungen einer Betriebsvereinbarung, eines anwendbaren Tarifvertrags oder gesetzliche Vorschriften festgelegt sind.

Auch in der klassischen Arbeitsorganisation werden einzelne Tätigkeiten außerhalb der Betriebsstätten des Arbeitgebers erledigt sowie Mitarbeiter ganz oder teilweise bewusst außerhalb der Betriebsstätten eingesetzt. Dies betrifft vor allem Montagearbeiten wie etwa im Baugewerbe oder im Handwerk, Beratertätigkeiten, die oftmals beim Kunden vor Ort stattfinden und die

Dienstreise, die durch die Rechtsprechung üblicherweise als *Fahrt an einen Ort außerhalb der regulären Arbeitsstätte, an dem ein Dienstgeschäft zu erledigen* ist, definiert wird. Auch bei Außendienstmitarbeitern, deren Schwerpunkt der Arbeitsleistung im Besuch von Kunden liegt, wurden erforderliche Organisations- oder Bürotätigkeiten seit jeher überwiegend im Homeoffice erledigt.

Bereits vor der Corona-Krise stieg das Interesse an neuen, flexibleren Arbeitsformen außerhalb der klassischen Arbeitsorganisation, oft bezeichnet unter dem Stichwort „Arbeiten 4.0". Gerade aber aufgrund der Corona-Krise hat die Nutzung des Homeoffice erheblich an Bedeutung gewonnen.

1.1.1 Telearbeit und alternierende Telearbeit

Der Gesetzgeber hat den Begriff der Telearbeit bereits 2016 in § 2 Abs. 7 Arbeitsstättenverordnung (ArbStättV) definiert.[3]

Telearbeitsplätze sind vom Arbeitgeber fest eingerichtete Bildschirmarbeitsplätze im Privatbereich der Beschäftigten, für die der Arbeitgeber eine mit den Beschäftigten vereinbarte wöchentliche Arbeitszeit und die Dauer der Einrichtung festgelegt hat. Ein Telearbeitsplatz ist vom Arbeitgeber erst dann eingerichtet, wenn Arbeitgeber und Beschäftigte die Bedingungen der Telearbeit arbeitsvertraglich oder im Rahmen einer Vereinbarung festgelegt haben und die benötigte Ausstattung des Telearbeitsplatzes mit Mobiliar, Arbeitsmitteln einschließlich der Kommunikationseinrichtungen durch den Arbeitgeber oder eine von ihm beauftragte Person im Privatbereich des Beschäftigten bereitgestellt und installiert ist.

---

[3] Umgangssprachlich wird der Begriff „Telearbeit" häufig als Oberbegriff für eine ortsungebundene Tätigkeit unter Nutzung von Telekommunikationsmitteln, insbesondere mobilen Rechnern verwendet.

Unter Telearbeit versteht man also die Arbeit von Zuhause aus an einem fest eingerichteten häuslichen Arbeitsplatz, der aufgrund einer Vereinbarung zwischen Arbeitgeber und Arbeitnehmer genutzt wird.

Voraussetzungen sind

- eine Vereinbarung zwischen Arbeitgeber und Arbeitnehmer und

- ein Arbeitsplatz im Privatbereich des Arbeitnehmers.

Liegen diese Voraussetzungen vor, ist der Arbeitgeber verpflichtet dem Arbeitnehmer diesen Telearbeitsplatz einzurichten und sämtliche benötigte Ausstattung bereitzustellen.

Durch die Einrichtung des Telearbeitsplatzes ist der Arbeitgeber seiner Verpflichtung nachgekommen, dem Arbeitnehmer einen funktionsfähigen Arbeitsplatz zur Verfügung zu stellen, d. h. der Arbeitnehmer hat keinen Anspruch (mehr) auf einen betrieblichen Arbeitsplatz.[4]

Telearbeit in Reinform ist in der Praxis relativ selten. Wohl am häufigsten ist Telearbeit in Form der **alternierenden Telearbeit** anzutreffen. Hier ist der Arbeitnehmer abwechselnd an seinem, nach den Vorgaben des § 2 Abs. 7 ArbStättV eingerichteten, häuslichen Arbeitsplatz und an einem betrieblichen Arbeitsplatz tätig. Im Unterschied zur reinen Telearbeit steht dem Arbeitnehmer, wenigstens zu den vereinbarten Arbeitszeiten, vor Ort ein betrieblicher Arbeitsplatz (weiterhin) zur Verfügung.[5]

---

[4]   Geck/Hey, Telearbeit I Homeoffice I Mobiles Arbeiten, 1. Auflage 2021, S. 20

[5]   Alternierende Telearbeit wird aus Kostengründen häufig mit dem Modell des sog. „Desk-Sharing" kombiniert, bei dem der Arbeitnehmer für seine Tätigkeit vor Ort zwar (irgend)einen, aber keinen festen Arbeitsplatz beim Arbeitgeber hat. Die Arbeitsplätze werden für mehrere Arbeitnehmer aufgeteilt.

Die Definition der Telearbeit in § 2 Abs. 7 ArbStättV ist im Kontext der Arbeitsstättenverordnung und des Arbeitsschutzgesetzes zu sehen. § 2 Abs. 7 ArbStättV gibt vor, wann der Arbeitgeber bestimmte Maßnahmen zum Gesundheitsschutz ergreifen muss. Aus der Regelung ergibt sich aber nicht, dass neben der klassischen Form der betrieblichen Arbeit ausschließlich Telearbeit nach § 2 Abs. 7 ArbStättV zulässig wäre. Bei abweichenden Gestaltungen handelt es sich dann eben nicht um Telearbeit, sodass die Vorgaben der Arbeitsstättenverordnung nicht gelten.[6]

1.1.2 Mobile Arbeit, Mobile Office und FlexWork

Im Gegensatz zur Telearbeit ist die Arbeitsform des mobilen Arbeitens bisher gesetzlich nicht geregelt, mangels gesetzlichen Ausschlusses aber auch ohne Weiteres zulässig. Generell wird unter mobilem Arbeiten oder auch Mobile Office ein flexibles, ortsungebundenes Tätigwerden an jedem möglichen Ort außerhalb der Betriebsstätte des Arbeitgebers unter Nutzung tragbarer IT-Systeme und sonstiger Kommunikationsmittel verstanden, also gerade nicht das Arbeiten an einem festen häuslichen Arbeitsplatz.[7]

In diesem Sinne definiert auch die Sars-CoV-2-Arbeitsschutzregel der Arbeitsschutzausschüsse beim BMAS vom 22.02.2021[8] unter Ziffer 2.2., Abs. 1 in Übereinstimmung mit der bisherigen Literaturmeinung mobiles Arbeiten als

> *„eine Arbeitsform, die nicht in einer Arbeitsstätte gemäß § 2 Abs. 1 ArbStättV oder an einem fest eingerich-*

---

[6] siehe ausführlich, →*Kapitel 2.3*
[7] Schöllmann, Mobile Working, Telearbeit, Desksharing, NZA-Beilage 2019, S. 81
[8] Bundesanstalt für Arbeitsschutz und Arbeitsmedizin, Sars-CoV-2-Arbeitsschutzregel auf *www.baua.de* unter: *t1p.de/z7zp* (Stand: 10.05.2021)

teten Telearbeitsplatzgemäß § 2 Abs. 7 ArbStättV im Privatbereich des Arbeitnehmers ausgeübt wird, sondern bei dem die Arbeitnehmer an beliebigen anderen Orten (z. B. beim Kunden, in Verkehrsmitteln, in einer Wohnung) tätig werden".

Aufgrund der Ortsungebundenheit trifft den Arbeitgeber hier nicht die Pflicht aus § 2 Abs. 7 ArbStättV, einen festen häuslichen Arbeitsplatz für den Arbeitnehmer einzurichten. Da beim mobilen Arbeiten die Arbeit nicht an einer Arbeitsstätte im Sinne von § 2 Abs. 1 ArbStättV ausgeübt wird, sind die Vorgaben der Arbeitsstättenverordnung nicht einzuhalten. Wie bei jeder anderen Arbeit aber auch, hat der Arbeitgeber die Schutzbestimmungen des Arbeitsschutzgesetzes zu gewährleisten.

Kerngedanke des mobilen Arbeitens aus arbeitsrechtlicher Sicht ist der teilweise oder (in der Praxis selten) vollständige Verzicht des Arbeitgebers, den Arbeitsort des Arbeitnehmers im Rahmen des Weisungsrechts nach § 106 GewO näher zu definieren. Der Arbeitnehmer wird vielmehr in die Lage versetzt, seinen Arbeitsort in eigener Verantwortung festzulegen.

Hinweis

Zur Umsetzung des mobilen Arbeitens sind vielfältige Gestaltungsmöglichkeiten denkbar und aufgrund der zivilrechtlichen Vertragsfreiheit auch zulässig. Mangels gesetzlicher Regelungen kommt es hier wesentlich auf die Vereinbarungen zwischen den Arbeitsvertragsparteien an. Gerade beim mobilen Arbeiten sollten diese Regelungen sehr sorgfältig ausgestaltet sein, um spätere Unklarheiten oder Auseinandersetzungen, die das Arbeitsverhältnis belasten könnten, zu vermeiden.

Mobile Arbeit ist keine Telearbeit im Sinne von § 2 Abs. 7 ArbStättV, die Begriffe schließen sich vielmehr gegenseitig aus. Bei der Telearbeit wird der Arbeitnehmer zwar auch nicht an der Betriebsstätte des Arbeitgebers eingesetzt, doch aber an einem fest definierten Ort (in diesem Fall am Telearbeitsplatz), d. h. an dem vom Arbeitgeber eingerichteten Arbeitsplatz im Privatbereich. Mobile Arbeit und Telearbeit können aber nebeneinander, als besondere Form der alternierenden Telearbeit bestehen.

Wesentliches Abgrenzungskriterium zwischen mobiler Arbeit und Telearbeit ist die Tatsache, dass dem Arbeitnehmer bei der Telearbeit gerade kein betrieblicher Arbeitsplatz mehr zur Verfügung steht. Mobile Arbeit bietet dem Arbeitnehmer dagegen meist die Option, außerhalb der Betriebsstätte in eigener Verantwortung tätig zu werden, gewährleistet aber auch jederzeit die Arbeitsleistung im Betrieb des Arbeitgebers.

Die Begriffe **mobiles Arbeiten** und **Mobile Office** werden in der Praxis überwiegend synonym verwendet. Dies gilt auch bei der als **FlexWork** bezeichneten Arbeitsform, wobei in dieser Ausgestaltung neben die Freiheit des Arbeitsortes regelmäßig eine höhere Eigensouveränität bei der Lage der Arbeitszeit und oft auch der Arbeitsinhalte hinzutritt.

1.1.3 Homeoffice

Der Begriff Homeoffice ist ebenso wenig gesetzlich definiert, wie etwa mobiles Arbeiten. Die Sars-CoV-2-Arbeitsschutzregel der Arbeitsschutzausschüsse beim BMAS vom 22.02.2021[9] bezeichnet in Ziffer 2.2., Abs. 3 als Homeoffice

---

[9] Bundesanstalt für Arbeitsschutz und Arbeitsmedizin, Sars-CoV-2-Arbeitsschutzregel auf *www.baua.de* unter: *t1p.de/z7zp* (Stand: 10.05.2021)

> *„eine Form des mobilen Arbeitens. Sie ermöglicht es*
> *Beschäftigten, nach vorheriger Abstimmung mit dem*
> *Arbeitgeber zeitweilig im Privatbereich, zum Beispiel*
> *unter Nutzung tragbarer IT-Systeme (zum Beispiel*
> *Notebooks) oder Datenträger, für den Arbeitgeber tätig*
> *zu sein."*

Homeoffice kann aber auch eine Form der Telearbeit sein, wenn die Arbeitsvertragsparteien aus Anlass der Tätigkeit im Homeoffice eine Vereinbarung nach § 2 Abs. 7 ArbStättV getroffen haben. In diesem Fall hat der Arbeitgeber das Homeoffice des Arbeitnehmers entsprechend einzurichten und auszustatten.

In der Praxis wird mobiles Arbeiten oder FlexWork auch gerne als Arbeit im Homeoffice bezeichnet. Teilweise soll der Begriff gleichzusetzen sein mit alternierender Telearbeit.[10]

Hinweis

Im vorliegenden Buch wird unter dem Begriff Homeoffice ein mobiles Arbeiten in der eigenen Wohnung verstanden, das keine Telearbeit darstellt.

1.1.4 Corona-Office

Seit Beginn der Corona-Krise hat sich eine besondere Art des mobilen Arbeitens bzw. des Homeoffice herausgebildet, bei der Arbeitnehmer „mehr oder weniger planmäßig" versuchen, gebeten oder veranlasst werden, ihre Arbeitsleistung aufgrund von Betriebsschließungen, Hygienekonzepten oder den Distan-

---

[10] Geck/Hey, Telearbeit | Homeoffice | Mobiles Arbeiten, 1. Auflage 2021, S. 23

zierungsempfehlungen der Regierung außerhalb der Betriebsstätte, regelmäßig an einem behelfsmäßig eingerichteten Arbeitsplatz, im „Homeoffice" tätig zu werden.

Nicht selten handelt es sich hierbei um das Notebook am Küchentisch neben den Kindern, die gerade versuchen die Herausforderungen des Homeschooling zu meistern.

Da es sich hierbei nicht um eine auf Dauer angelegte Arbeitsform handelt, sondern die Rückkehr an den betrieblichen Arbeitsplatz unter den Bedingungen vor der Corona-Krise zu erwarten ist, wird das „Corona-Office" regelmäßig keine Telearbeit im Sinne der Arbeitsstättenverordnung darstellen, auch wenn vorübergehend pandemiebedingt kein betrieblicher Arbeitsplatz zur Verfügung steht.

1.1.5 Zusammenfassung der Begriffe

Begriff	Beschreibung
Telearbeit	Telearbeitsplätze sind vom Arbeitgeber fest eingerichtete Bildschirmarbeitsplätze im Privatbereich der Beschäftigten, für die der Arbeitgeber eine mit den Beschäftigten vereinbarte wöchentliche Arbeitszeit und die Dauer der Einrichtung festgelegt hat (§ 2 Abs. 7 ArbStättV); Voraussetzungen sind ■ eine Vereinbarung zwischen Arbeitgeber und Arbeitnehmer und ■ ein Arbeitsplatz im Privatbereich des Arbeitnehmers. Liegen diese Voraussetzungen vor, ist der Arbeitgeber verpflichtet dem Arbeitnehmer diesen Telearbeitsplatz einzurichten und sämtliche benötigte Ausstattung bereitzustellen. Ein betrieblicher Arbeitsplatz steht regelmäßig nicht zur Verfügung.

Begriff	Beschreibung
Alternierende Telearbeit	Arbeitnehmer ist abwechselnd an seinem, nach den Vorgaben des § 2 Abs. 7 ArbStättV eingerichteten, häuslichen Arbeitsplatz und an einem betrieblichen Arbeitsplatz tätig. Im Unterschied zur reinen Telearbeit steht dem Arbeitnehmer, wenigstens zu den vereinbarten Arbeitszeiten, vor Ort ein betrieblicher Arbeitsplatz (weiterhin) zur Verfügung.
Mobile Arbeit/ Mobile Office	Flexibles, ortsungebundenes Tätigwerden an jedem möglichen Ort außerhalb der Betriebsstätte des Arbeitgebers unter Nutzung tragbarer IT-Systeme und sonstiger Kommunikationsmittel, also gerade nicht das Arbeiten an einem festen häuslichen Arbeitsplatz.
FlexWork	Entspricht mobiler Arbeit, wobei in dieser Ausgestaltung neben die Freiheit des Arbeitsorts regelmäßig eine höhere Eigensouveränität bei der Lage der Arbeitszeit und oft auch der Arbeitsinhalte hinzutritt.
Homeoffice	Eine Form des mobilen Arbeitens. Sie ermöglicht es Beschäftigten, nach vorheriger Abstimmung mit dem Arbeitgeber zeitweilig im Privatbereich, zum Beispiel unter Nutzung tragbarer IT-Systeme (zum Beispiel Notebooks) oder Datenträger, für den Arbeitgeber tätig zu sein.
Remotearbeit[11]	Unter dem Begriff „Remotearbeit" werden die vorgenannten Begriffe „Homeoffice", „mobiles Arbeiten", „FlexWork" sowie „Telearbeit" gebündelt.

1.2 Überblick zu rechtlichen Rahmenbedingungen und Rechtsgrundlagen für das mobile Arbeiten

Bis zum Beginn der Pandemie war mobiles Arbeiten eher die Ausnahme und überwiegend auf bestimmte Branchen, wie etwa die IT-Branche oder klassische Arbeitsbereiche, z. B. den Außendienst beschränkt. Es gab zwar auch in der Vergangenheit Bestrebungen, das Homeoffice gesetzlich zu regeln und Arbeit-

---

[11] zur Definition, siehe →*Kapitel 4.1*

nehmern hierauf sogar einen Anspruch einzurichten.[12] Bisher wurden die Vorhaben aber gesetzgeberisch nicht umgesetzt.

Mit Ausnahme der Verpflichtung aus § 2 Abs. 7 ArbStättV bei Telearbeit, bestehen für die mobile Arbeit keine speziellen gesetzlichen Regelungen. Somit sind die Rahmenbedingungen, die für die Arbeit an einer Betriebsstätte des Arbeitgebers gelten, grundsätzlich auch für die außerbetriebliche Arbeit anzuwenden.

So wie gesetzliche Rahmenbedingungen fehlen, gibt es auch derzeit keine gesetzliche Rechtsgrundlage für die mobile Arbeit oder einen Anspruch hierauf. Vereinzelt gewähren Tarifverträge die Option des mobilen Arbeitens. Wollen die Parteien des Arbeitsverhältnisses mobiles Arbeiten ermöglichen, bedarf es hierzu einer Rechtsgrundlage, die in einer individuellen Vereinbarung zwischen Arbeitgeber und Arbeitnehmer bestehen kann oder auf kollektivrechtliche Regelungen, wie Betriebsvereinbarung und Tarifvertrag basiert.

1.2.1 Rechtliche Rahmenbedingungen – Überblick

Für die mobile Arbeit stellen sich einige rechtliche Fragen, die anhand der allgemeinen Bestimmungen beantwortet werden müssen – u. A. nach der Gewerbeordnung, dem Arbeitszeitgesetz, dem Arbeitsschutzgesetz und der Arbeitsstättenverordnung oder dem Bürgerlichen Gesetzbuch. Nachfolgend wird ein kleiner Überblick gegeben, welche Fragen sich im Zusammenhang mit der mobilen Arbeit stellen und auf welcher gesetzlichen Grundlage diese zu lösen sind.

---

[12] Der Koalitionsvertrag zwischen CDU, CSU und FDP, 19. Legislaturperiode, sieht unter dem Stichwort „Gute digitale Arbeit 4.0" das Ziel vor, den rechtlichen Rahmen zur Förderung und Erleichterung der mobilen Arbeit zu schaffen.

Den Arbeitgeber trifft die Verpflichtung, dem Arbeitnehmer einen funktionsfähigen Arbeitsplatz zur Verfügung zu stellen, damit der Arbeitnehmer die geschuldete Arbeitsleistung erbringen kann. Hierfür hat der Arbeitgeber auf seine **Kosten** dem Arbeitnehmer die **erforderlichen Betriebsmittel** zu überlassen.

Für die (echte) Telearbeit, hat nach § 2 Abs. 7 ArbStättV der Arbeitgeber den Aufwand zu tragen. Aber auch bei den sonstigen Formen der mobilen Arbeit hat der Arbeitgeber dem Arbeitnehmer die erforderlichen Betriebsmittel zur Verfügung zu stellen, wie insbesondere Laptop, Mobiltelefon, etc. Hierfür trägt der Arbeitgeber die Kosten der Anschaffung, der Wartung und der Pflege.

Alternativ können die Arbeitsvertragsparteien vereinbaren, dass der Arbeitnehmer eigene Arbeitsmittel nutzt.[13] In diesem Falle können dem Arbeitnehmer Aufwandsersatzansprüche nach § 670 BGB zustehen. Zu den ersatzfähigen Aufwendungen können auch ein anteiliger Mietzins für die Privatwohnung des Arbeitnehmers oder anfallende Kosten für Strom oder Heizung zählen, die ebenfalls nach § 670 BGB behandelt werden. Allerdings ist § 670 BGB (der für das Arbeitsverhältnis analog angewendet wird) fakultativ, d. h. kann durch die Arbeitsvertragsparteien abgeändert oder ausgeschlossen werden.[14]

Im Zusammenhang mit der Überlassung von Betriebsmitteln oder auch bei Nutzung eigener Arbeitsmittel durch den Arbeitnehmer stellt sich immer wieder die Problematik, wer, in welcher Höhe **bei Verlust oder Beschädigung haftet**. Üb-

---

[13] In der Praxis ist es nicht unüblich, dass Arbeitnehmer Privatgegenstände zur Arbeitsleistung verwenden. So ist durchaus verbreitet, dass ein Arbeitnehmer z. B. seinen eigenen PKW für eine Fahrt zum Kunden und damit für betriebliche Zwecke nutzt, weil kein Firmenfahrzeug zur Verfügung steht, und der Arbeitnehmer hierfür eine Kostenerstattung erhält.

[14] zu Einzelheiten, siehe →*Kapitel 2.5.1* und →*Kapitel 2.5.2*

licherweise werden die von der Rechtsprechung entwickelten Grundsätze der privilegierten Arbeitnehmerhaftung (oder auch: innerbetrieblicher Schadensausgleich) herangezogen, wobei diese keine Lösung bieten, wenn z. B. die Beschädigung eines Betriebsmittels nicht durch den Arbeitnehmer selbst, sondern durch den Ehegatten oder ein Kind verursacht wird.

Der Arbeitnehmer hat zudem Anspruch auf **Kostenerstattung für Dienstreisen**. Nach der allgemeinen Definition liegt eine Dienstreise vor, wenn der Arbeitnehmer außerhalb seiner Wohnung und außerhalb seiner ersten Tätigkeitsstätte tätig wird. Wird dem Arbeitnehmer im Rahmen des mobilen Arbeitens die Möglichkeit eingeräumt, z. B. zu Hause zu arbeiten, stellt sich die Frage, ob die Teilnahme an einer Besprechung in den Betriebsräumen des Arbeitgebers eine Dienstreise darstellt oder bei Wahl eines mobilen Arbeitsortes außerhalb der Wohnung die Fahrtkosten zum mobilen Arbeitsort zu erstatten sind.

Auch im Homeoffice und bei mobiler Arbeit gelten die **Vorgaben des Arbeitszeitgesetzes**, sodass sowohl die zulässige tägliche Höchstarbeitszeit und maximale wöchentliche Durchschnittsarbeitszeit nicht überschritten werden dürfen. Auch Ruhezeiten und Ruhepausen müssen eingehalten werden. Eine besondere Herausforderung stellt sich in diesem Zusammenhang, weil das mobile Arbeiten oftmals mit einer vom Arbeitgeber erlaubten größeren Flexibilität der Arbeitszeit verbunden ist und damit die Einhaltung der zwingenden Vorgaben zur Arbeitszeit vom Arbeitgeber nicht mehr voll beeinflussbar ist. Der Arbeitgeber muss also dafür sorgen, dass die Arbeitnehmer in eigener Verantwortung die Vorgaben beachten, z. B. die Einhaltung der Ruhezeit durch Definition sog. Tabuzeiten.

Im **Bereich des Arbeitsschutzes** enthält die Arbeitsstättenverordnung umfangreiche Anforderungen an die Einrichtung und Ausgestaltung von Arbeitsplätzen durch den Arbeitgeber. Für

Telearbeitsplätze nach § 2 Abs. 7 ArbStättV ist deshalb nach § 1 Abs. 4 ArbStättV eine anfängliche Gefährdungsbeurteilung durch den Arbeitgeber sowie eine Unterweisung durchzuführen. Für sonstige Arten der mobilen Arbeit gilt die Arbeitsstättenverordnung nicht, da der Arbeitnehmer nicht an einer Arbeitsstätte des Arbeitgebers tätig wird. Dennoch muss der Arbeitgeber den allgemeinen Arbeitsschutz nach § 618 BGB und nach dem Arbeitsschutzgesetz gewährleisten. Je weiter die Eigenverantwortung des Arbeitnehmers bei der Gestaltung seines Arbeitsplatzes reicht, umso weniger hat der Arbeitgeber auf den Gesundheitsschutz Einfluss. Die Pflichten des Arbeitgebers werden sich oftmals auf eine allgemeine Gefährdungsbeurteilung sowie Hinweisen zu typischen Gefahren des Arbeitsplatzes beschränken.

Den Mitwirkungspflichten des Arbeitnehmers bei mobilem Arbeiten kommt gesteigerte Bedeutung zu. Neben dem Frage- und Vorschlagsrecht nach § 17 Abs. 1 Arbeitsschutzgesetz (ArbSchG) sind Arbeitnehmer zu Eigenschutzvorkehrungen nach § 15 ArbSchG und der Gefahrenmeldung nach § 16 ArbSchG verpflichtet.

Immer wieder streitig im Zusammenhang mit mobiler Arbeit und der Arbeit im Homeoffice ist die Frage, wann **Versicherungsschutz in der gesetzlichen Unfallversicherung** gegeben ist, ob also z. B. der Weg vom Schreibtisch in die eigene Küche noch dem gesetzlichen Unfallschutz unterliegt oder ausschließlich der Risikosphäre des Arbeitnehmers zuzuordnen sei.

Nicht erst seit Inkrafttreten der Datenschutz-Grundverordnung (DS-GVO) spielt der **Schutz von Betriebs- und Geschäftsgeheimnissen** sowie die **Gewährleistung des Datenschutzes** im Zusammenhang mit mobiler Arbeit eine erhebliche Rolle. Der Arbeitgeber muss personenbezogene Daten durch technische und organisatorische Maßnahmen nach Art. 32 DS-GVO schützen. Gleichzeitig sind durch den Arbeitgeber und den Arbeitnehmer die in Art. 5 Abs. 1 DS-GVO genannten Grundsätze zu wahren, wobei z. B. der Grundsatz der Datensicherheit (Art. 5 Abs. 1 lit. f DS-GVO) und der Datenminimierungsgrundsatz (Art. 5 Abs. 1 lit. c DS-GVO) bei mobiler Arbeit besonders schwer zu realisieren sind.

1.2.2 Rechtsgrundlagen für mobiles Arbeiten

Nach der aktuellen Gesetzeslage haben Arbeitnehmer keinen Anspruch darauf, ganz oder teilweise im Homeoffice oder in einer Form des mobilen Arbeitens beschäftigt zu werden.[15] Im Gegenzug kann der Arbeitgeber aber auch nicht einseitig, gegen den Willen des Arbeitnehmers, mobile Arbeit im Wege des **Direktionsrechts** anordnen.

Für das mobile Arbeiten kommen daher die, auch in anderen Bereichen des Arbeitsverhältnisses relevanten Rechtsgrundlagen in Frage:[16]

Tarifverträge sehen bisher – von wenigen Ausnahmen abgesehen – keine Bestimmungen zur mobilen Arbeit vor und enthalten oftmals auch keine Regelungen zum Arbeitsort. Daher können Tarifverträge regelmäßig auch nicht als Rechtsgrundlage für die mobile Arbeit dienen.[17] Natürlich sind Tarifverträge,

---

[15] Ein etwaiger Anspruch auf behinderungsgerechte Beschäftigung für schwerbehinderte Arbeitnehmer und diesen Gleichgestellte aus § 164 Abs. 4 S. 1 SGB IX soll nicht Gegenstand dieses Buches sein.

[16] Einzelheiten zur Umsetzung durch vertragliche Vereinbarungen, →Kapitel 3.2

[17] Der Verband Südwestmetall und die IG Metall haben für Baden-Württemberg einen Tarifvertrag zum mobilen Arbeiten abgeschlossen, der Rahmenbedingungen für mobiles Arbeiten beinhaltet und nähere Regelungen den Betriebsparteien überlässt. Auch dieser Tarifvertrag schafft aber keinen Anspruch auf mobiles Arbeiten.

die auf das Arbeitsverhältnis anzuwenden sind, auch im Zusammenhang mit mobiler Arbeit zu beachten, z. B. bei Vorgaben zur Arbeitszeit, für zuschlagspflichtige Arbeiten oder den Ersatz von Aufwendungen.

Mobiles Arbeiten kann Gegenstand einer Betriebsvereinbarung, also einer Vereinbarung zwischen Arbeitgeber und Betriebsrat sein, wobei der Umfang der Mitbestimmungsrechte beim mobilen Arbeiten noch weitgehend von der Rechtsprechung ungeklärt ist. Überwiegend wird ein Anspruch auf mobile Arbeit daher nur aufgrund einer freiwilligen Betriebsvereinbarung infrage kommen. Ein Initiativrecht des Betriebsrats, von sich aus die Einführung mobilen Arbeitens vom Arbeitgeber zu verlangen, dürfte derzeit ausscheiden.[18]

Zumindest ist das Landesarbeitsgericht Hessen der Ansicht, dass ein Mitbestimmungsrecht des Betriebsrats nach § 87 Abs. 1 Nr. 1 BetrVG bei der Entscheidung des Arbeitgebers, mobiles Arbeiten einzuführen, nicht bestehen dürfte.[19]

Der Betriebsrat hat, soweit eine gesetzliche oder tarifliche Regelung nicht besteht, bei Fragen der Ordnung des Betriebs und des Verhaltens der Arbeitnehmer im Betrieb nach § 87 Abs. 1 Nr. 1 BetrVG mitzubestimmen. Gegenstand des Mitbestimmungsrechts ist das betriebliche Zusammenleben und

---

[18] Nach dem Entwurf des Betriebsrätemodernisierungsgesetzes vom 31.03.2021 soll zur Förderung mobiler Arbeit und zum Schutz der Arbeitnehmer bei Wahrnehmung von Homeoffice in § 87 Abs. 1 Nr. 14 BetrVG ein neues Mitbestimmungsrecht bei der Ausgestaltung mobiler Arbeit eingeführt werden. Wird das Gesetzesvorhaben umgesetzt, hätte der Betriebsrat ein Initiativrecht.

[19] LAG Hessen vom 18.06.2020 – 5 TaBvGa 74/20, NZA 2021, 291; die Entscheidung des LAG Hessen erging im Rahmen einer einstweiligen Unterlassungsverfügung, die der Betriebsrat beantragt hatte und unterlag daher nur der für das Eilverfahren vorgesehenen „summarischen Prüfung".

Zusammenwirken der Arbeitnehmer. Dieses kann der Arbeitgeber kraft seiner Leitungsmacht durch Verhaltensregeln oder sonstige Maßnahmen beeinflussen und koordinieren. Zweck des Mitbestimmungsrechts ist es, die Arbeitnehmer hieran zu beteiligen. Sie sollen an der Gestaltung des betrieblichen Zusammenlebens gleichberechtigt teilnehmen. Dagegen sind Regelungen und Weisungen, welche die Arbeitspflicht unmittelbar konkretisieren – das sog. Arbeitsverhalten – nicht mitbestimmungspflichtig.[20]

Die Einführung des Arbeitsmodells „mobiles Arbeiten" ist untrennbar mit der Arbeitsleistung verknüpft und gehört damit zum mitbestimmungsfreien Arbeitsverhalten. Dieses ist berührt, wenn der Arbeitgeber näher bestimmt, welche Arbeiten auszuführen sind und in welcher Weise dies geschehen soll. Weisungen, mit denen die Arbeitspflicht unmittelbar konkretisiert wird, unterliegen nicht der Mitbestimmung.[21]

Ebenfalls ist der außerbetriebliche private Lebensbereich der Arbeitnehmer der Regelungsbefugnis der Betriebsparteien entzogen. § 87 Abs. 1 Nr. 1 BetrVG berechtigt die Betriebsparteien nicht, in die private Lebensführung einzugreifen und begründet insoweit auch kein Mitbestimmungsrecht des Betriebsrats.[22]

---

[20] Ständige Rechtsprechung des Bundesarbeitsgerichts, z. B. BAG vom 22.08.2017 – 1 ABR 52/14, DB 2017, 3082.
[21] LAG Hessen vom 18.06.2020 – 5 TaBvGa 74/20, NZA 2021, 291.
[22] BAG vom 22.08.2017 – 1 ABR 52/14, DB 2017, 3082.

Hinweis

Soweit sich die vorgenannte Rechtsmeinung (erwartungs-
gemäß) durchsetzen wird, dass mobiles Arbeiten also nur
das mitbestimmungsfreie Arbeitsverhalten des Arbeitnehmers betrifft und der Gesetzgeber nicht, z. B. durch Ergänzung des § 87 Abs. 1 BetrVG, das Mitbestimmungsrecht
des Betriebsrats erweitert, kann der Arbeitgeber durch den
Betriebsrat nicht zur Einführung des mobilen Arbeitens gezwungen werden.

Da den Betriebsparteien aber andererseits auch ein Eingriff
in die private Lebensführung entzogen ist, kann wohl auch
eine Verpflichtung zum mobilen Arbeiten gegen den Willen
des Arbeitnehmers nicht auf Grundlage einer Betriebsvereinbarung geschaffen werden.[23]

Sonstige Mitbestimmungsrechte des Betriebsrats bleiben auch
im Zusammenhang mit dem mobilen Arbeiten bestehen. Ist das
mobile Arbeiten z. B. mit bestimmten Vorgaben zur Arbeitszeit
verbunden, die von den sonstigen Regelungen im Betrieb ab-
weichen (oft als FlexWork bezeichnet), hat der Betriebsrat insoweit nach § 87 Abs. 1 Nr. 2 und Nr. 3 BetrVG mitzubestimmen. Im Vorfeld der Einführung mobilen Arbeitens sind die
Beteiligungsrechte des Betriebsrats nach § 80 Abs. 1 und Abs. 2
BetrVG (allgemeine Überwachungsaufgaben und Informati-
onsrechte), nach § 90 BetrVG (Unterrichtungs- und Beratungsrechte bei der Gestaltung von Arbeitsplatz, Arbeitsablauf und

---

[23] In anderen Bereichen der zwingenden Mitbestimmung können dagegen
sehr wohl auch Verpflichtungen der Arbeitnehmer gegen deren Willen
(und ohne Vorbehalt im Arbeitsvertrag) eingeführt werden, z.B. verpflicht-
ende Bereitschaftsdienste nach § 87 Abs. 1 Nr. 2 BetrVG.

Arbeitsumgebung) und nach § 92a BetrVG (Vorschlagsrecht zur Sicherung und Förderung der Beschäftigung, insbesondere zur flexiblen Gestaltung der Arbeitszeit, Förderung von Teilzeit und zu neuen Formen der Arbeitsorganisation, Änderungen der Arbeitsverfahren und Arbeitsabläufe) zu beachten. Sollte der Übergang zu mobilem Arbeiten eine Versetzung im Sinne von § 99 BetrVG darstellen, hat der Arbeitgeber die Zustimmung des Betriebsrats nach § 99 Abs. 1 BetrVG einzuholen.[24]

Als Rechtsgrundlage für mobiles Arbeiten spielen daher **individualvertragliche Absprachen**[25] eine zentrale Rolle. Arbeitsverträge enthalten regelmäßig Regelungen zum Arbeitsort, gegebenenfalls auch zur Möglichkeit der Versetzung oder zum Einsatz außerhalb der Betriebsstätte (z. B. unmittelbar beim Kunden des Arbeitgebers). Regelungen zum mobilen Arbeiten finden sich in aktuellen Arbeitsvertragsmustern dagegen nur selten.

Natürlich können die Möglichkeit und die konkreten Umstände des mobilen Arbeitens, zusammen mit weiteren Regelungsgegenständen (z. B. zur Tragung von Kosten oder der Überlassung von Betriebsmitteln) als Nachtrag zum Arbeitsvertrag oder als Änderungsvereinbarung festgelegt werden.

---

[24] Ausführlich hierzu, →*Kapitel 4.5.*
[25] Ausführlich hierzu, →*Kapitel 3.2.*

Hinweis

Da der Arbeitsvertrag grundsätzlich keiner Schriftform unterliegt, können Regelungen zum mobilen Arbeiten ohne Weiteres auch Gegenstand von mündlichen Abreden sein oder durch schlüssiges Verhalten zustande kommen. Da gesetzliche Regelungen aber meist fehlen und unterschiedliche Ausgestaltungsmöglichkeiten denkbar sind, ist Arbeitgebern dringend zu empfehlen, den Inhalt der Absprachen mit dem Arbeitnehmer zu Beweiszwecken schriftlich zu fixieren.

Mobiles Arbeiten stellt sich regelmäßig als teilweiser Verzicht des Arbeitgebers zur Konkretisierung des Arbeitsorts auf Grundlage des Weisungsrechts nach § 106 GewO dar. Da der Arbeitgeber den Arbeitsort (soweit die Vorgaben des Arbeitsschutzes beachtet werden, wohl auch mitbestimmungsfrei) nach billigem Ermessen bestimmen kann, steht es ihm auch frei, die Grenzen des mobilen Arbeitens zu definieren. Vereinbaren die Arbeitsvertragsparteien deshalb, z. B. auf Grundlage eines Nachtrags zum Arbeitsvertrag, die Möglichkeit des mobilen Arbeitens, sollte es ohne Weiteres zulässig sein, dass der Arbeitgeber die konkreten Bedingungen in einer **einseitigen Arbeitsanweisung** festlegt und diese auch für die Zukunft einseitig abändern kann.[26]

---

[26] Ausführlich hierzu, →*Kapitel 3.1.*

2 | Rahmenbedingungen bei mobiler Arbeit

2.1 Vorgaben zur Arbeitszeit, Vergütung

2.1.1 Dauer der Arbeitszeit

Der Arbeitnehmer schuldet nicht einen bestimmten Arbeitserfolg, sondern die Erbringung von Arbeitsleistung während der vereinbarten oder vorgegebenen Arbeitszeit. Der Umfang der vom Arbeitnehmer geschuldeten Arbeitsleistung wird durch den Arbeitsvertrag oder auch die Vorgaben eines Tarifvertrags bestimmt.

Das vom Arbeitnehmer geschuldete Arbeitszeitvolumen ist grundsätzlich unabhängig vom Arbeitsort und richtet sich demnach auch bei mobiler Arbeit und im Homeoffice nach den Festlegungen im Arbeits- oder Tarifvertrag. Ob eine tägliche, wöchentliche, monatliche oder gar jährliche Arbeitszeit vereinbart ist, spielt für die Möglichkeit des mobilen Arbeitens daher keine Rolle.

2.1.2 Lage der Arbeitszeit

Die Lage der Arbeitszeit, also wann genau der Arbeitnehmer die vereinbarte Arbeitsleistung zu erbringen hat, unterliegt auch bei mobiler Arbeit dem Weisungsrecht des Arbeitgebers nach § 106 S. 1 GewO, soweit nicht durch den Arbeitsvertrag, eine Betriebsvereinbarung oder tarifvertraglich eine Einschränkung erfolgt ist.

Aus dem Gesichtspunkt des Arbeitsschutzes kann der Umfang der Arbeitsverpflichtung nicht völlig frei festgelegt werden. Vielmehr sind Vorgaben, insbesondere aus dem Arbeitszeitgesetz, zur Höchstdauer der täglichen und wöchentlichen Arbeitszeit, zur Einhaltung von Arbeitspausen und Ruhezeiten sowie zur Beschränkung der Arbeit an Sonn- und Feiertagen einzuhalten.

Hinweis

Nach § 87 Abs. 1 Nr. 2 BetrVG hat der Betriebsrat, soweit eine gesetzliche oder tarifliche Regelung nicht besteht, bei Beginn und Ende der täglichen Arbeitszeit einschließlich der Pausen sowie der Verteilung der Arbeitszeit auf die einzelnen Wochentage und nach § 87 Abs. 1 Nr. 3 BetrVG bei der vorübergehenden Verkürzung und Verlängerung der betriebsüblichen Arbeitszeit, ein zwingendes Mitbestimmungsrecht. Das Mitbestimmungsrecht gilt (zumindest bei kollektivem Bezug, d. h. soweit nicht ausnahmsweise eine Einzelfallregelung erfolgt) uneingeschränkt für die Bestimmung der Lage der Arbeitszeit bei mobilem Arbeiten. Das Volumen der Arbeitszeit unterliegt dagegen keiner Mitbestimmung und hängt allein von den vertraglichen (oder tarifvertraglichen) Vorgaben ab.

Der Arbeitgeber kann also auch bei der mobilen Arbeit, unter Berücksichtigung der Mitbestimmungsrechte des Betriebsrats, die konkrete Lage der Arbeitszeit anordnen. Dabei sind die zwingenden Bestimmungen des Arbeitszeitgesetzes zu beachten.

2.1.3 Arbeitszeitgesetz

Das Arbeitszeitgesetz (ArbZG) gilt grundsätzlich für alle Arbeitnehmer in allen Beschäftigungsbereichen. Arbeitnehmer sind Arbeiter und Angestellte (§ 2 Abs. 2 ArbZG).[27] Ausnahmen lässt das Gesetz nur in einzelnen Bereichen zu. So fallen leitende Angestellte im Sinne von § 5 Abs. 3 BetrVG nicht in den Schutzbereich des Arbeitszeitgesetzes (§ 18 Abs. 1 Nr. 1 ArbZG). Für sie können weitergehende Regelungen getroffen werden.

Der Anwendungsbereich des Arbeitszeitgesetzes ist nicht auf die Tätigkeit an einer betrieblichen Arbeitsstätte beschränkt. Die zwingenden Regelungen gelten auch im Homeoffice und bei mobiler Arbeit. Es ist unerheblich, ob ein Arbeitnehmer im oder außerhalb des Betriebs arbeitet. Entscheidend ist nur, dass er auf Weisung des Arbeitgebers für diesen tätig wird. In diesem Fall handelt es sich bei der dafür aufgewendeten Zeit um Arbeitszeit im Sinne des Arbeitszeitgesetzes, unabhängig davon, wo die Tätigkeit erfolgt.[28]

Das 1994 in Kraft getretene Arbeitszeitgesetz (ArbZG) dient in erster Linie dem Gesundheitsschutz der Arbeitnehmer und soll die generelle Sonn- und Feiertagsruhe gewährleisten. Gleichzeitig sollen die Rahmenbedingungen für flexible Arbeitszeiten verbessert werden (§ 1 ArbZG).

---

[27] Sowie die zu ihrer Berufsausbildung Beschäftigten, für die aber mobile Arbeit – einmal die pandemiebedingte Sondersituation außer Betracht gelassen – wegen des Ausbildungsauftrags des Arbeitgebers kaum in Betracht kommt. Für die Beschäftigung von Personen unter 18 Jahren gilt anstelle des Arbeitszeitgesetzes das Jugendarbeitsschutzgesetz (§ 18 Abs. 2 ArbZG).

[28] Baeck/Deutsch/Winzer, Arbeitszeitgesetz, 4. Auflage 2020, § 2 Rn. 26.

Im Arbeitszeitgesetz sind insbesondere die zulässige Höchstdauer der Arbeitszeit, Nacht- und Schichtarbeit, Zulässigkeit der Arbeit an Sonn- und Feiertagen sowie Ruhepausen und Ruhezeiten geregelt.[29]

Nach dem sog. Territorialprinzip gilt das Arbeitszeitgesetz für (fast) alle Arbeitnehmer, die im Bereich der Bundesrepublik tätig werden, unabhängig davon, ob für inländische oder ausländische Unternehmen. Für einen deutschen Arbeitnehmer im Ausland gilt das Arbeitszeitgesetz nicht.

2.1.4 Begriff der Arbeitszeit

Arbeitszeit ist die Zeit vom Beginn bis zum Ende der täglichen Arbeit ohne Berücksichtigung der Ruhepausen (§ 2 Abs. 1 ArbZG). Unerheblich ist, ob der Arbeitnehmer auch tatsächlich arbeitet. Ausreichend ist, wenn sich der Arbeitnehmer am Arbeitsplatz bereithält (Verfügbarkeit). Arbeitsunterbrechungen, z. B. wegen fehlender Arbeitsmaterialien oder eines Maschinenstillstands gehören daher zur Arbeitszeit. Die Arbeitszeit ist damit die Summe der Zeiten zwischen dem Arbeitsbeginn und dem Arbeitsende.

---

[29] Neben dem Arbeitszeitgesetz ist die Richtlinie 2003/88/EG vom 04.11.2003 (bestimmte Aspekte der Arbeitszeitgestaltung) zu beachten. Da die Regelungen des Arbeitszeitgesetzes überwiegend strenger sind, als die der Richtlinie 2003/88/EG, wird in diesem Kapitel ausschließlich auf das ArbZG eingegangen. So darf etwa nach Art. 6 Nr. 2 der Richtlinie 2003/88/EG die durchschnittliche Arbeitszeit pro Siebentageszeitraum 48 Stunden einschließlich der Überstunden nicht überschreiten (entspricht im Ergebnis § 3 S. 1 ArbZG). Die Richtlinie stellt dabei aber nur auf die wöchentliche Höchstarbeitszeit ab, gibt dagegen – anders als das Arbeitszeitgesetz – keine maximale werktägliche Arbeitszeit vor.

Hinweis

Ein „Bereithalten" am Arbeitsort wird bei mobiler Arbeit und im Homeoffice schwer zu bestimmen sein. Außerdem sind Arbeitsunterbrechungen oftmals vorwiegend privat veranlasst.

Im Rahmen des mobilen Arbeitens sollte daher vereinbart werden, was zur Arbeitszeit (sowohl im Sinne des Arbeitszeitgesetzes, aber auch als vergütungspflichtige Arbeitszeit) zu rechnen ist, wie private Unterbrechungen dokumentiert und behandelt werden und wie der Arbeitnehmer auf etwaige Betriebsunterbrechungen (z. B. bei Störung der Internetverbindung) zu reagieren hat.

Zur Arbeitszeit gehören auch sog. Rüstzeiten, also die Zeit, die für das Empfangen, Abgeben oder Bereitmachen notwendiger Arbeitsmittel aufgewandt wird.[30]

Die **Wegezeit**, die der Arbeitnehmer von seiner Wohnung zur Arbeitsstätte und zurück aufwenden muss, ist arbeitszeitrechtlich keine Arbeitszeit[31] und ist vom Arbeitgeber auch nicht zu vergüten. Der Arbeitnehmer nimmt die Arbeit erst an seinem Arbeitsplatz auf. Die Zeiten, die er für An- und Abfahrten aufwendet, sind der privaten Sphäre und deshalb der Ruhezeit zuzuordnen.

Für **Dienstreisezeiten**, also solche Zeiten, die der Arbeitnehmer benötigt, um von seinem Betriebs- oder Wohnort an einen anderen vom Arbeitgeber vorgegebenen Ort zu gelangen, muss eine differenzierte Betrachtung erfolgen.

---

[30] Schaub, Arbeitsrechts-Handbuch, 17. Auflage 2017, § 156, Rdn. 14.
[31] BAG vom 22.04.2009 – 5 AZR 292/08, DB 2009, 1602.

Im Arbeitszeitgesetz ist der Begriff der Reisezeit wie auch schon in der Arbeitszeitordnung (AZO) nicht definiert. Auch außerhalb des Arbeitszeitgesetzes gibt es für den Bereich des Arbeitsrechts keine gesetzliche Definition der Reisezeit.

Reisezeit kann nur dann Arbeitszeit sein, wenn es sich um eine betriebsbedingte Reisezeit handelt. Die betriebliche Veranlassung kann sich aus dem Arbeitsvertrag, einer ausdrücklichen Anordnung des Arbeitgebers oder auch konkludent aus der Zuweisung einer bestimmten Aufgabe ergeben. Ob es sich bei betriebsbedingten Reisezeiten um Arbeitszeit oder arbeitsfreie Zeit handelt, ist mit Hilfe der Beanspruchungstheorie zu beantworten. Reisezeit ist danach Arbeitszeit, wenn der Arbeitnehmer während dieser Zeit in einem Umfang beansprucht wird, der eine Einordnung als Arbeitszeit erfordert. Ein Lkw- oder Busfahrer, der seinen Lkw oder Bus steuert, erbringt (deshalb natürlich) Vollarbeit.

Ein Arbeitnehmer, der während der Fahrt (z. B. im Zug) Akten bearbeitet oder auf einem Laptop Diktate schreibt, erbringt ebenfalls Vollarbeit.[32] Es macht keinen Unterscheid, ob der Arbeitnehmer die Akten an seinem Schreibtisch im Betrieb oder im Zug oder im Bus bearbeitet. In diesem Fall ist deshalb die Reisezeit ebenfalls Arbeitszeit.

In allen anderen Fällen, in denen der Arbeitnehmer während der Fahrt nicht arbeitet, ist die Reisezeit arbeitszeitrechtlich grundsätzliche keine Arbeitszeit. Der Arbeitnehmer kann z. B. schlafen, lesen, Radio hören usw. Die Reisezeit ist deshalb nach dem Grad der Beanspruchung nicht als Arbeitszeit einzuordnen.[33] Dementsprechend gelten die Zeiten (Dauer der Hin- und Rückfahrt) einer Dienstreise nicht als Arbeitszeit im Sinne von § 2

---

[32] BAG vom 11.07.2006 – 9 AZR 519/05, NZA 2007, 155.
[33] BAG vom 11.07.2006 – 9 AZR 519/05, NZA 2007, 155.

Abs. 1 ArbZG, wenn der Arbeitgeber lediglich die Benutzung eines öffentlichen Verkehrsmittels vorgibt und dem Arbeitnehmer überlassen bleibt, wie er die Zeit nutzt.[34]

Umstritten ist die Rechtslage, wenn der Arbeitnehmer den Pkw selbst lenkt. In diesem Fall stellt sich die Frage, ob der Arbeitnehmer durch das Lenken im Straßenverkehr derart beansprucht wird, dass eine Einstufung als Arbeitszeit gerechtfertigt ist. Das Führen eines Pkws ist bei den heutigen Verkehrsverhältnissen mit nicht unerheblichen physischen und auch psychischen Belastungen verbunden. Der Arbeitnehmer muss sich während der Fahrt voll auf den Straßenverkehr konzentrieren. Das Fahren eines Pkws ist wegen dieser Beanspruchung regelmäßig als Arbeit im Sinne des Arbeitszeitgesetzes zu werten. In diesem Fall sind deshalb die Reisezeiten grundsätzlich auch Arbeitszeiten.[35]

Hinweis

Im Rahmen des mobilen Arbeitens oder der Tätigkeit im Homeoffice kann die Abgrenzung zwischen Wegezeit und Dienstreisezeit problematisch sein. Wird der Arbeitnehmer ausschließlich im Homeoffice oder mobilen Arbeiten eingesetzt, werden erforderliche Fahrten zur Betriebsstätte des Arbeitgebers (z. B. für Besprechungen oder zum Austausch von Unterlagen) Dienstreisen darstellen. Erfolgt mobiles Arbeiten nur zeitweise, ist die Anfahrt zum Arbeitgeber an den Tagen, an denen die Arbeitsleistung an der Arbeitsstätte des Arbeitgebers erbracht wird, Wegezeit, die nicht zur Arbeitszeit zählt.

---

[34] BAG vom 11.07.2006 – 9 AZR 519/05, NZA 2007, 155.
[35] Offengelassen: BAG vom 14.11.2006 – 1 ABR 5/06, NZA 2007, 458.

Schwierig abzugrenzen sind Fälle, bei denen der Arbeitnehmer zur Betriebsstätte des Arbeitgebers anreist, obwohl mobiles Arbeiten vereinbart war. Hier könnte eine Abgrenzung danach erfolgen, wodurch die Anreise zum Arbeitgeber verursacht war, ob diese also auf Veranlassung des Arbeitnehmers erfolgte oder zwingend notwendig war, z. B. weil erforderliche Betriebsmittel nicht einsetzbar waren. Allerdings kann sich auch im letzten Fall eine unterschiedliche Beurteilung ergeben, je nachdem ob z. B. das dem Arbeitnehmer vom Arbeitgeber überlassene Laptop defekt oder die vereinbarungsgemäß durch den Arbeitnehmer zu gewährleistende Internetverbindung am Ort des mobilen Arbeitens gestört war.

Dienstreisezeiten können immer nur dann vorliegen, wenn sie vom Arbeitgeber veranlasst sind. Sucht daher der Arbeitnehmer bei mobilem Arbeiten einen Arbeitsort außerhalb seiner Wohnung aus eigener Veranlassung auf, kann dies keine Dienstreisezeit und damit auch keine Arbeitszeit im Sinne des Arbeitszeitgesetzes darstellen.[36]

---

[36] Etwas Anderes gilt natürlich wiederum, wenn der Arbeitnehmer bereits während der Anreise zu seinem mobilen Arbeitsort Arbeitsleistung für den Arbeitgeber erbringt und z. B. während einer Zugfahrt E-Mails bearbeitet oder eine Präsentation erstellt.

2.1.5 Ständige Erreichbarkeit als Arbeitszeit

Wird vom Arbeitnehmer während des mobilen Arbeitens eine ständige Erreichbarkeit erwartet, kann dies möglicherweise als Arbeitszeit zu werten sein.

Für die Frage der Arbeitszeit ist zwischen Vollarbeit, Arbeitsbereitschaft, Bereitschaftsdienst und Rufbereitschaft zu unterscheiden.

- Vollarbeit ist die Erbringung der vertraglich geschuldeten Arbeitsleistung und stellt Arbeitszeit im Sinne des Arbeitszeitgesetzes dar.

- Arbeitsbereitschaft ist gegeben, wenn die Art der vom Arbeitnehmer verrichteten Arbeit einen Wechsel zwischen voller und geringerer Beanspruchung beinhaltet. Arbeitsbereitschaft ist wache Achtsamkeit im Zustand der Entspannung. Arbeitsbereitschaft ist Arbeitszeit nach § 2 Abs. 1 ArbZG (§ 7 Abs. 1 Nr. 1 lit. a ArbZG).

- Bereitschaftsdienst liegt vor, wenn der Arbeitnehmer sich an einer vom Arbeitgeber bestimmten Stelle innerhalb oder außerhalb des Betriebs aufzuhalten hat, um seine Arbeit sofort oder zeitnah aufnehmen zu können, sobald es notwendig wird, ohne sich im Zustand wacher Achtsamkeit (Arbeitsbereitschaft) zu befinden. Nach inzwischen gefestigter Rechtsprechung und auch gesetzlichem Hinweis (§ 7 Abs. 1 Nr. 1 lit. a ArbZG) sind Bereitschaftsdienste Arbeitszeit nach § 2 Abs. 1 ArbZG.

- Rufbereitschaft ist die Verpflichtung des Arbeitnehmers, sich an einem selbstbestimmten, aber dem Arbeitgeber anzugebenden Ort bereit zu halten, um im Bedarfsfall die Arbeit innerhalb einer vorgegebenen Zeitspanne aufzunehmen. Heutzutage wird Rufbereitschaft in der Regel durch die Erreichbarkeit über ein Mobiltelefon gewährleistet.[37]

---

[37] BAG vom 31.01.2002 – 6 AZR 214/00, FA 2002, 127.

> *„Echte" Rufbereitschaft gehört nicht zur Arbeitszeit im Sinne von § 2 Abs. 1 ArbZG. Gibt der Arbeitgeber allerdings eine sehr kurze Frist vor, innerhalb derer die Arbeit aufgenommen werden muss, fehlt es an dem für die Rufbereitschaft prägenden Merkmal der freien Wahl des Aufenthaltsortes, sodass Bereitschaftsdienst oder sogar Arbeitsbereitschaft anzunehmen sein kann.*

Die Erbringung der vertraglich vereinbarten Arbeitsleistung im Homeoffice oder beim mobilen Arbeiten ist regelmäßig Vollarbeit und damit Arbeitszeit im Sinne des Arbeitszeitgesetzes.

Wird eine **ständige Erreichbarkeit des Arbeitnehmers** gefordert, wird dies in aller Regel auch im Homeoffice oder bei mobilem Arbeiten (nur) Rufbereitschaft darstellen und zählt daher nicht zur Arbeitszeit nach § 2 Abs. 1 ArbZG. Eine andere Beurteilung kann sich ergeben, wenn die ständige Erreichbarkeit mit einer Einschränkung des arbeitnehmerseitigen Aufenthaltsorts verbunden ist. Die ständige Erreichbarkeit kann auch dann nicht mehr als bloße Rufbereitschaft beurteilt werden, wenn der Arbeitnehmer andauernd kontaktiert wird und er sich daher auch in seinem häuslichen Umfeld praktisch kaum anderen (privaten) Dingen zuwenden kann. In dieser Fallgestaltung würde sich die ständige Erreichbarkeit praktisch zu einer Arbeitsbereitschaft bzw. zu einem Bereitschaftsdienst verdichten, was wiederum als Arbeitszeit im Sinne des Arbeitszeitgesetzes zu qualifizieren wäre.[38]

---

[38] Müller, Homeoffice in der arbeitsrechtlichen Praxis, 2. Auflage 2020, Rn. 404.

Hinweis

Nicht nur aus arbeitsrechtlichen Gesichtspunkten zur Vermeidung von (bußgeldbewährten) Verstößen gegen das Arbeitszeitgesetz, sondern vor allem auch aus arbeitsphysiologischen Aspekten[39] ist daher Arbeitgebern dringend zu empfehlen, bei Homeoffice oder mobilem Arbeiten die Zeiten der zwingenden Erreichbarkeit konkret zu definieren und eventuell zusätzlich sog. Tabuzeiten festzulegen, in denen eine Arbeitsleistung (z. B. auch das Beantworten von E-Mails) nicht erfolgen darf.

2.1.6 Höchstarbeitszeit

Die werktägliche Arbeitszeit der Arbeitnehmer darf acht Stunden nicht überschreiten (§ 3 S. 1 ArbZG). Sie kann auf bis zu zehn Stunden pro Tag verlängert werden, wenn innerhalb von sechs Kalendermonaten oder innerhalb von 24 Wochen im Durchschnitt acht Stunden werktäglich nicht überschritten werden (§ 3 S. 2 ArbZG). Für die Verlängerung auf bis zu zehn Stunden pro Tag muss kein besonderer Anlass gegeben sein.

Werktage sind alle Tage, die nicht Sonn- oder Feiertage sind. Der Werktag ist nicht mit dem Kalendertag gleichzusetzen, sondern zählt ab Beginn der Arbeit und endet 24 Stunden später.[40]

Für die durchschnittliche Höchstarbeitszeit von acht Stunden pro Werktag spielt es keine Rolle, ob der Arbeitnehmer tatsächlich an allen Werktagen, also montags bis samstags arbeitet. Das Arbeitszeitgesetz gibt damit lediglich eine durchschnittliche

---

[39] →*Kapitel 4.3.*
[40] Schaub, Arbeitsrechts-Handbuch, 17. Auflage 2017, § 156, Rn. 28.

Höchstarbeitszeit von 48 Stunden pro Woche vor. Die 48 Stunden können auch auf weniger Arbeitstage verteilt werden, wenn die Höchstarbeitszeit von zehn Stunden pro Tag gewährleistet ist.

Eine absolute Höchstgrenze für die wöchentliche Arbeitszeit hat der Gesetzgeber nicht definiert, sodass diese von der Anzahl der Arbeitstage abhängt. So wären beispielsweise bei einer 3-Tage-Woche maximal 30 Stunden, bei einer 5-Tage-Woche maximal 50 Stunden oder bei einer 6-Tage-Woche maximal 60 Stunden möglich.

Der Gesetzgeber hat nicht geregelt, ob der Ausgleichszeitraum zur Gewährleistung der durchschnittlichen Arbeitszeit von 48 Stunden pro Woche vor oder nach einer verlängerten Arbeitszeit liegen kann. Nach wohl herrschender Meinung kann der Ausgleichszeitraum flexibel vor, während oder nach einer verlängerten Arbeitszeit liegen.[41]

In einem Tarifvertrag (oder aufgrund eines Tarifvertrags in einer Betriebsvereinbarung) können abweichende Regelungen getroffen werden.

Nach § 16 Abs. 2 S. 1 ArbZG ist der Arbeitgeber verpflichtet, die über die werktägliche Arbeitszeit von acht Stunden hinausgehende Arbeitszeit der Arbeitnehmer (§ 3 S. 1 ArbZG) aufzuzeichnen und die Nachweise mindestens zwei Jahre aufzubewahren (§ 16 Abs. 2 S. 2 ArbZG).[42] Verstößt der Arbeitgeber vorsätzlich oder fahrlässig gegen diese Verpflichtung, liegt eine Ordnungswidrigkeit nach § 22 Abs. 1 Nr. 9 ArbZG vor, die mit

---

[41] Schaub, Arbeitsrechts-Handbuch, 17. Auflage 2017, § 156, Rn. 31.

[42] Die Aufzeichnungspflicht aus § 16 Abs. 2 ArbZG widerspricht nach Ansicht des EuGH der Arbeitszeit-Richtlinie (EuGH vom 14.05.2019 – Rs. C-55/18 – CCOO), die eine umfassende Dokumentation der Arbeitszeit fordert. Da eine richtlinienkonforme Auslegung vorliegend allerdings nicht infrage kommt, kann die gesetzgeberische Umsetzung abgewartet werden.

einer Geldbuße von bis zu 15.000 Euro geahndet werden kann (§ 22 Abs. 2 ArbZG).

Die Aufzeichnungsverpflichtung nach § 16 Abs. 2 ArbZG kann der Arbeitgeber auf den Arbeitnehmer delegieren. Der Arbeitgeber hat die Aufzeichnung aber zumindest stichprobenartig zu überwachen. Das Gesetz sieht keine besondere Form der Aufzeichnung vor, d. h. sie kann z. B. auch digital über entsprechende Programme auf dem Laptop des Arbeitnehmers oder per Smartphone erfolgen.[43]

2.1.7   Ruhezeit

Arbeitnehmer müssen nach Beendigung der täglichen Arbeitszeit eine ununterbrochene Ruhezeit von mindestens elf Stunden haben (§ 5 Abs. 1 ArbZG). Ruhezeit ist die Zeit zwischen dem Ende der Arbeit und ihrem Wiederbeginn, in der der Arbeitnehmer zu keiner Arbeit herangezogen wird. Die Ruhezeit kann auch durch Urlaubs- oder Feiertage eingehalten werden.[44] Wird die Arbeitszeit auf mehrere Abschnitte des Tages verteilt, ist die Ruhezeit im Anschluss an den letzten Arbeitsabschnitt zu gewähren.[45]

Beispiel: Im Rahmen des mobilen Arbeitens leistet der Arbeitnehmer seine Arbeitszeit von 8 Stunden nach Vereinbarung mit dem Arbeitgeber in zwei Zeitabschnitten, von 9:00 Uhr bis 13:00 Uhr und von 18:00 Uhr bis 22:00 Uhr. Die Ruhezeit von 11 Stunden ist ab 22:00 Uhr zu gewähren, d. h. der Arbeitnehmer darf am nächsten Tag frühestens um 9:00 Uhr die Arbeitsleistung wieder aufnehmen.

---

[43]   Der Betriebsrat hat hierbei ein Mitbestimmungsrecht nach § 87 Abs. 1 Nr. 6 BetrVG.

[44]   BAG vom 13.02.1992 – 6 AZR 638/89, DB 1992,1890.

[45]   Baeck/Deutsch/Winzer, Arbeitszeitgesetz, 4. Auflage 2020, § 5 Rn. 10.

Dem Arbeitnehmer ist nach § 5 ArbZG eine **ununterbrochene Ruhezeit** von elf Stunden zu gewähren, d. h. sie darf nicht durch Arbeitszeit unterbrochen werden. Eine Tätigkeit, die Arbeitszeit darstellt und damit zu einer Unterbrechung führt, löst nach ihrer Beendigung erneut eine elfstündige Ruhezeit aus. Dies gilt grundsätzlich für jede Unterbrechung, egal aus welchen Gründen sie erfolgt, ob planmäßig oder überraschend, und wie lange sie dauert.[46]

Beispiel: Der Arbeitnehmer hat im Rahmen des mobilen Arbeitens von 8:00 Uhr bis 16:00 Uhr gearbeitet. Um 22:00 Uhr beantwortet der Arbeitnehmer noch zwei E-Mails und versendet die Einladung an drei Kollegen zu einer Video-Konferenz für den nächsten Tag um 7:30 Uhr.

Streng genommen beginnt die Ruhezeit aufgrund der Unterbrechung ab 22:00 Uhr erneut ab dem Zeitpunkt, in dem der Arbeitnehmer seine nächtliche Arbeitszeit beendet hat. Er muss eine ununterbrochene Ruhezeit von 11 Stunden einhalten, sodass die Teilnahme an der Video-Konferenz mit den Kollegen am nächsten Tag um 7:30 Uhr unzulässig wäre.

Problematisch und umstritten ist, ob auch durch **geringfügige Unterbrechungen** wie im Beispiel, die Ruhezeit im Sinne von § 5 ArbZG unterbrochen und damit eine erneute elfstündige Ruhezeit ausgelöst wird.

Teilweise wird vertreten, der Grundsatz, wonach jede Unterbrechung der Ruhezeit zu einer erneuten ununterbrochenen Ruhezeit von mindestens elf Stunden zwingt, bedürfe insbesondere angesichts der zunehmenden Digitalisierung und Vernetzung der Arbeitswelt einer Einschränkung. Zweck der Ruhezeit sei es insbesondere, den Arbeitnehmer vor gesundheitlichen Schäden

---

[46] Baeck/Deutsch/Winzer, Arbeitszeitgesetz, 4. Auflage 2020, § 5 Rn. 13.

durch Überanstrengung zu bewahren und ihm durch gründliches Ausruhen die Möglichkeit zur Erholung und Erhaltung seiner Arbeitskraft zu geben. Bei geringfügigen Unterbrechungen der Ruhezeit oder bei Unterbrechungen, die den Arbeitnehmer kaum belasten, sei es durchaus vorstellbar, dass sie diesen Erholungszweck nicht gefährden. Solche Unterbrechungen wären deshalb nach Sinn und Zweck der Regelung unschädlich. In diesem Fall könnten die Ruhezeiten vor und nach der Unterbrechung zusammengerechnet werden.[47]

Die Erheblichkeitsschwelle werde allerdings im Regelfall bei einer Unterbrechung der Ruhezeit von mehr als zehn bis 15 Minuten bzw. in den Fällen erreicht, in denen die Unterbrechungen nicht nur unregelmäßig, sondern regelmäßig auftreten würden.[48] Nach anderer Ansicht sei eine teleologische Reduktion von § 5 Abs. 1 ArbZG in diesem Sinne aufgrund des eindeutigen Wortlauts („ununterbrochene" Ruhezeit) und aus Gründen der Rechtssicherheit und Rechtsklarheit abzulehnen.[49]

Hinweis

Bis zur Klarstellung durch die Rechtsprechung oder Normierung einer gesetzlichen Ausnahme im Zusammenhang mit mobilem Arbeiten sollte die Einhaltung der Ruhezeit vertraglich gewährleistet werden. Hierzu können z. B. sog. Tabuzeiten vorgegeben werden, in denen eine Arbeitsleistung untersagt ist.

---

[47] Baeck/Deutsch/Winzer, Arbeitszeitgesetz, 4. Auflage 2020, § 5 Rn. 13; Müller, Homeoffice in der arbeitsrechtlichen Praxis, 2. Auflage 2020, Rn. 422.

[48] Müller, Homeoffice in der arbeitsrechtlichen Praxis, 2. Auflage 2020, Rn. 422.

[49] Falder, Immer erreichbar – Arbeitszeit- und Urlaubsrecht in Zeiten des technologischen Wandels, NZA 2010, S. 1150 ff.

Setzt die Unterbrechung der Ruhezeit den Lauf einer neuen Mindestruhezeit nach § 5 ArbZG in Gang, kann dies zur Konsequenz haben, dass der Arbeitnehmer die nachfolgende reguläre Arbeit nicht rechtzeitig oder gar nicht antreten kann. In diesem Fall ist die **ausfallende Arbeit grundsätzlich nicht zu vergüten**. Insoweit handelt es sich um eine von keiner Vertragspartei zu vertretende Unmöglichkeit, bei der nach § 323 Abs. 1 BGB der Anspruch auf Vergütung entfällt. Der Arbeitnehmer kann deshalb keine Bezahlung für die ausfallende Arbeitszeit verlangen, wenn und soweit nicht kollektivvertraglich oder einzelvertraglich eine abweichende Vereinbarung getroffen wurde.[50]

Voraussetzung ist allerdings, dass der Arbeitgeber den Arbeitnehmer in der fraglichen Woche bzw. in dem einschlägigen Zeitrahmen entsprechend der vertraglichen Arbeitszeit beschäftigt oder zumindest vergütet hat.[51] Verstößt der Arbeitnehmer allerdings gegen Weisungen des Arbeitgebers zur Arbeitszeit (z. B. gegen vorgegebene Tabuzeiten), und darf er deshalb aufgrund der zwingenden Ruhezeit seine Arbeitsleistung nicht oder nicht rechtzeitig aufnehmen, verliert er in jedem Fall den Anspruch auf Vergütung, da er die Unmöglichkeit zu vertreten hat.

Nicht zur Ruhezeit gehören die Arbeitsbereitschaft und die Bereitschaftsdienste. Wird der Arbeitnehmer dagegen während einer Rufbereitschaft nicht zur Arbeitsleistung herangezogen, kann durch die Rufbereitschaft die Ruhezeit erfüllt werden. Nimmt der Arbeitnehmer während der Rufbereitschaft seine Arbeit auf, beginnt nach Beendigung der Arbeitszeit eine erneute Ruhezeit. Dies kann dazu führen, dass die geplante Aufnahme der Arbeitszeit (nach dem Ende der Rufbereitschaft) nicht eingehalten werden kann.

---

[50] Baeck/Deutsch/Winzer, Arbeitszeitgesetz, 4. Auflage 2020, § 5 Rn. 15.
[51] BAG vom 05.07.1976 – 5 AZR 264/75, DB 1976, 1223.

Nach § 7 Abs. 1 Nr. 3 ArbZG ist aufgrund tariflicher Regelung eine Kürzung der Ruhezeit um bis zu zwei Stunden möglich.

2.1.8 Ruhepause

Die Ruhepause ist von der Ruhezeit zu unterscheiden. Ruhepausen sind im Voraus festgelegte oder zumindest vorhersehbare Zeiten einer Arbeitsunterbrechung von bestimmter Dauer, in denen der Arbeitnehmer von jeglicher Arbeitspflicht befreit ist und sich zu keiner Arbeitsleistung bereithalten muss, sondern frei darüber entscheiden kann, wie er diese Freizeit verbringen will.[52]

Für das Merkmal „im Voraus feststehend" im Sinne von § 4 S. 1 ArbZG genügt es, wenn spätestens bei Beginn der täglichen Arbeitszeit ein zeitlicher Rahmen feststeht, innerhalb dessen Ruhepausen angetreten werden können.[53] Ob es auch ausreicht, wenn die Ruhepause nicht bereits zu Arbeitsbeginn festgelegt, aber zum Pausenbeginn geklärt ist, wie lange die Pause dauert, wurde durch die Rechtsprechung noch nicht abschließend geklärt.

---

[52] BAG vom 01.07.2003 – 1 ABR 20/02, DB 2005, 170.
[53] Schaub, Arbeitsrechts-Handbuch, 17. Auflage 2017, § 158, Rd. 13.

Hinweis

Im Rahmen des mobilen Arbeitens wird der Arbeitgeber nur in seltenen Fällen die Lage der Pause einseitig konkret bestimmen. Um die Vorgaben des § 4 S. 1 ArbZG dennoch einzuhalten, sollte in einer Vereinbarung zum mobilen Arbeiten zumindest ein zeitlicher Rahmen vorgegeben werden, in dem der Arbeitnehmer seine Pausenzeit eigenverantwortlich festlegt. Zusätzlich sollte die Pause durch den Arbeitnehmer in der Zeiterfassung dokumentiert werden, selbst dann, wenn die Pause durch den Arbeitgeber bezahlt wird.[54]

Bei einer Arbeitszeit von mehr als sechs bis zu neun Stunden, ist die Arbeit durch eine Ruhepause von insgesamt mindestens 30 Minuten und bei einer Arbeitszeit von mehr als neun Stunden durch eine Ruhepause von insgesamt mindestens 45 Minuten zu unterbrechen (§ 4 S. 1 ArbZG). Die Ruhepausen können in Zeitabschnitte von jeweils mindestens 15 Minuten aufgeteilt werden (§ 4 S. 2 ArbZG). Länger als sechs Stunden hintereinander dürfen Arbeitnehmer nicht ohne Ruhepause beschäftigt werden (§ 4 S. 3 ArbZG). Es ist nicht zulässig, die Pausen unmittelbar an den Beginn oder an das Ende der Arbeitszeit zu legen.[55]

---

[54] Das Arbeitszeitgesetz sieht lediglich die Verpflichtung vor, dass der Arbeitgeber Ruhepausen gewährt. Eine Vergütungspflicht ergibt sich aus § 4 ArbZG dagegen nicht. Die Pause stellt üblicherweise Freizeit dar, die der Arbeitgeber nicht zu vergüten hat. Abweichende Vereinbarungen sind aber natürlich zulässig und z.B. im Einzelfall auch einmal tariflich vorgesehen.

[55] Schaub, Arbeitsrechts-Handbuch, 17. Auflage 2017, § 158, Rn. 16.

2.1.9 Sonn- und Feiertagsruhe

Arbeitnehmer dürfen an Sonn- und gesetzlichen Feiertagen von 0.00 Uhr bis 24.00 Uhr grundsätzlich nicht beschäftigt werden (§ 9 ArbZG). In mehrschichtigen Betrieben mit regelmäßiger Tag- und Nachtschicht kann der Beginn oder das Ende der Sonn- und Feiertagsruhe um bis zu sechs Stunden vor- oder zurückverlegt werden, wenn für die auf den Beginn der Ruhezeit folgenden 24 Stunden der Betrieb ruht (§ 9 Abs. 2 ArbZG).

Von dem generellen Arbeitsverbot an Sonn- und Feiertagen gibt es diverse Ausnahmen. Sofern die Arbeiten nicht an Werktagen vorgenommen werden können, dürfen Arbeitnehmer nach § 10 Abs. 1 ArbZG an Sonn- und Feiertagen in bestimmten Branchen oder in bestimmten Situationen beschäftigt werden. Zudem kann die Aufsichtsbehörde (in den in § 13 Abs. 3 Nr. 2 ArbZG genannten Fällen) Sonn- und Feiertagsarbeit zulassen. Zusätzlich soll die Aufsichtsbehörde Sonn- und Feiertagsarbeit genehmigen, wenn dies aus chemischen, biologischen, technischen oder physikalischen Gründen notwendig ist.

Auch wenn Sonn- und Feiertagsarbeit zulässig ist, müssen mindestens 15 Sonntage im Jahr beschäftigungsfrei bleiben (§ 11 Abs. 1 ArbZG). Werden Arbeitnehmer an einem Sonntag beschäftigt, müssen sie innerhalb von zwei Wochen einen Ersatzruhetag (an einem beliebigen Werktag, d. h. auch Samstag) haben. Bei der Beschäftigung an einem Feiertag muss der Ersatzruhetag innerhalb von acht Wochen gewährt werden. Für die Beschäftigung an Sonn- und Feiertagen gelten die Regelungen zur Arbeitszeit, zu Ruhepausen und zur Ruhezeit entsprechend.

Die Sonn- und Feiertagsruhe ist uneingeschränkt auch bei mobiler Arbeit zu beachten.

2.2 Vergütung von Überstunden und Arbeit zu „ungünstigen" Zeiten

In der Praxis wird mobiles Arbeiten und Homeoffice oftmals mit einer mehr oder weniger großen Zeitsouveränität des Arbeitnehmers einhergehen, d. h. der Arbeitnehmer entscheidet hier im Wesentlichen eigenständig über die Lage und tägliche Dauer seiner Arbeitszeit.

Dies kann zur Folge haben, dass die Arbeitsleistung aus dem eigenen Interesse des Arbeitnehmers zu Zeiten erbracht wird, die z. B. aufgrund eines anwendbaren Tarifvertrags zuschlagspflichtig sind (wie etwa Samstags- oder Nachtarbeit) oder dass Überstunden geleistet werden.

Soweit Regelungen, insbesondere in Tarifverträgen, für bestimmte Arbeitszeiten Zuschläge vorsehen, setzen diese Zuschlagspflichten regelmäßig voraus, dass die Arbeitsleistung während der zuschlagspflichtigen Zeit vom Arbeitgeber angeordnet wird.

Bei Mehrarbeit stellt sich nicht nur die Frage der Zuschlagspflicht (wenn z. B. Überstundenzuschläge im Tarifvertrag vorgesehen sind), sondern vor allem auch grundsätzlich die Problematik, ob und unter welchen Voraussetzungen Mehrarbeit überhaupt zu vergüten ist. Eine besondere gesetzliche Regelung zu Überstunden existiert nicht. Aus § 612 Abs. 1 BGB ergibt sich, dass Überstunden grundsätzlich mit der üblichen Grundvergütung des Arbeitnehmers zu bezahlen sind. Im Streitfall muss der Arbeitnehmer allerdings darlegen, dass der Arbeitgeber die Mehrarbeit angeordnet oder die Mehrarbeit zur Erledigung der dem Arbeitnehmer obliegenden Arbeit notwendig und vom Arbeitgeber gebilligt oder geduldet war.

Vertraglich können – in bestimmten Grenzen – abweichende Vereinbarungen getroffen werden, wie etwa dass eine konkret definierte Anzahl an Überstunden mit der Grundvergütung des Arbeitnehmers bereits abgegolten ist. Ebenso können die Voraussetzungen einer Überstundenvergütung vertraglich festgelegt werden, z. B. dass Überstunden zuvor durch den Vorgesetzten genehmigt werden müssen.

Hinweis

Macht der Arbeitgeber bei mobilem Arbeiten und bei Arbeit im Homeoffice keine konkreten Vorgaben zur Arbeitszeit bzw. zur zeitlichen Lage der Arbeitszeit, sodass der Arbeitnehmer die Arbeitszeit und deren Lage in eigener Souveränität bestimmt, sollte die zugrundeliegende Vereinbarung dringend Regelungen zur Vergütung von Überstunden und gegebenenfalls zur Vergütung von Arbeit während zuschlagspflichtiger Zeiten enthalten.

Möglich wäre z. B. Ansprüche auf Zuschläge auszuschließen, soweit der Arbeitnehmer im Rahmen der von ihm eigenverantwortlich bestimmten Arbeitszeit Überstunden, Samstags-, Sonntags-, Feiertags- und/oder Nachtarbeit leistet, ohne dass dies im Einzelfall durch den Arbeitgeber ausnahmsweise angeordnet wurde.[56]

Ein Anspruch auf Überstundenvergütung kann darauf beschränkt werden, dass die Überstunden durch den Arbeitgeber angeordnet oder die Mehrarbeit im Einzelfall genehmigt wurde.

---

[56] Soweit ein Tarifvertrag einen solchen Ausschluss nicht zulassen würde, könnte stattdessen die Arbeit zu den genannten Zeiten auch untersagt werden.

2.3 Arbeitsschutz

Der Arbeitgeber hat auch bei mobilem Arbeiten den Arbeitsschutz zu gewährleisten, wobei dies in der Praxis teilweise schwierig zu realisieren ist und möglicherweise gegen Grundrechte des Arbeitnehmers verstoßen kann.

2.3.1 Arbeitsschutzgesetz

Das Arbeitsschutzgesetz gilt nach § 1 Abs. 1 S. 2 Arbeitsschutzgesetz (ArbSchG) umfassend für jede Tätigkeit in einem abhängigen Beschäftigungsverhältnis in allen Tätigkeitsbereichen. Es dient dazu, Sicherheit und Gesundheitsschutz der Beschäftigten bei der Arbeit durch Maßnahmen des Arbeitsschutzes zu sichern und zu verbessern (§ 1 Abs. 1 S. 1 ArbSchG). Seine Rahmenbedingungen gelten unabhängig davon, wo die Arbeitsleistung erbracht wird.

Nach § 3 Abs. 1 S. 1 ArbSchG in Verbindung mit den allgemeinen Grundsätzen in § 4 ArbSchG ist der Arbeitgeber verpflichtet, den Arbeitsschutz durch geeignete technische, organisatorische oder persönliche Schutzmaßnahmen zu gewährleisten. Welche Maßnahmen des Arbeitsschutzes erforderlich sind, hat der Arbeitgeber durch eine Gefährdungsbeurteilung zu ermitteln (§ 5 ArbSchG).

Das klassische Arbeitsschutzrecht geht davon aus, dass der Arbeitgeber die Arbeitsbedingungen aufgrund seiner Organisationsmacht bestimmt. Er richtet die Arbeitsstätte ein, wählt die Arbeitsmittel aus, legt Arbeitsverfahren und Arbeitszeiten fest. Daraus rechtfertigt sich seine umfassende Arbeitsschutzverantwortung, weil nur er (fast) alle Sicherheits- und Gesundheitsfaktoren bei der Arbeit steuern bzw. beeinflussen kann. Dies gilt für die örtlich entgrenzte Arbeit jedoch nicht mehr uneingeschränkt. Bei der Arbeit am häuslichen Telearbeitsplatz (Homeoffice) bestimmt im Wesentlichen der Arbeitnehmer selbst die Rahmenbedingungen, insbesondere die Einrichtung seines Arbeitsplatzes. Bei mobiler Arbeit ohne festen Arbeitsplatz (Mobile Office) sind die Arbeitsbedingungen in der Regel durch die Umgebung vorgegeben.[57]

Beim Arbeitsschutz kann der Arbeitgeber aber nur solche Gefährdungen berücksichtigen, die er kennt. Deshalb umfasst die Pflicht zur Gefährdungsbeurteilung auch eine Ermittlungspflicht. Für den häuslichen (Tele-)Arbeitsplatz genügt dazu in der Regel eine detaillierte Nachfrage beim Beschäftigten, der seinerseits nach §§ 15 Abs. 1 S. 1, 16 Abs. 2 S. 1 ArbSchG zur Mitwirkung und Information verpflichtet ist.[58] Bei mobiler Arbeit kann der Arbeitgeber regelmäßig nur die typischerweise zu erwartenden Bedingungen zugrunde legen, muss aber dennoch zumindest versuchen, die relevanten Umstände durch Nachfragen beim Arbeitnehmer aufzuklären.

2.3.2   Rechtsverordnungen zum Arbeitsschutz

Die Regelungen des Arbeitsschutzgesetzes enthalten nur sehr allgemeine Grundsätze und beinhalten keine konkreten Vorgaben, was der Arbeitgeber im Einzelfall gewährleisten muss. Der Gesetzgeber hat die Bundesregierung unter Zustimmung des Bundesrats nach § 18 ArbSchG ermächtigt vorzuschreiben, welche Maßnahmen der Arbeitgeber und die sonstigen verantwortlichen Personen zu treffen haben und wie sich die Beschäftigten zu verhalten haben, um ihre jeweiligen Pflichten, die sich (allgemein) aus dem Arbeitsschutzgesetz ergeben, zu erfüllen.

Auf Grundlage von § 18 ArbSchG sind verschiedene Arbeitsschutzverordnungen erlassen worden, unter anderem die Ar-

---

[57]   Wiebauer, Arbeitsschutz und Digitalisierung, NZA 2016, 1430 ff.
[58]   Wiebauer, Arbeitsschutz und Digitalisierung, NZA 2016, 1430 ff.

beitsstättenverordnung (ArbStättV) und die Betriebssicherheitsverordnung (BetrSichV).

Die **Arbeitsstättenverordnung** regelt die Einrichtung und den Betrieb von Arbeitsstätten und gilt daher nach § 1 Abs. 1 ArbStättV eben nur für betriebliche Einrichtungen des Arbeitgebers. Bei mobiler Arbeit ist der Anwendungsbereich der Arbeitsstättenverordnung nicht eröffnet, weil sie gerade nicht in der Arbeitsstätte des Arbeitgebers geleistet wird.

Ihr Anwendungsbereich ist in Teilen allerdings auf Telearbeitsplätze nach § 2 Abs. 7 ArbStättV erweitert, wobei auch für diese nur die Vorschriften über die (erstmalige) Gefährdungsbeurteilung, über die Unterweisung und die Gestaltung von Bildschirmarbeitsplätzen nach §§ 3, 6 und Anhang Nr. 6 der Arbeitsstättenverordnungzu beachten sind.

Die Regelungen der **Betriebssicherheitsverordnung** über die Bereitstellung und Verwendung von Arbeitsmitteln gilt dagegen auch für die mobile Arbeit. Der Arbeitgeber muss gewährleisten, dass Arbeitsmittel, die er den Beschäftigten zur Verfügung stellt, sicher und soweit erforderlich, gewartet und geprüft werden.

Hinweis

Nach § 5 Abs. 4 BetrSichV hat der Arbeitgeber dafür Sorge zu tragen, dass Beschäftigte nur die Arbeitsmittel verwenden, die er ihnen zur Verfügung gestellt hat oder deren Verwendung er ausdrücklich gestattet hat. Der Arbeitgeber muss also sämtliche Arbeitsmittel zuvor freigegeben, was insbesondere problematisch ist, wenn der Arbeitnehmer private Arbeitsmittel einsetzt (BYOD – **B**ring **Y**our **O**wn **D**evice). Der Arbeitgeber müsste hier Verantwortung übernehmen für die Sicherheit von Arbeitsmitteln, die er selbst nicht auswählt und die er nicht unter seiner Kontrolle hat.[59],[60]

2.3.3 Umsetzung des Arbeitsschutzes

In der eigenen Betriebsstätte kann der Arbeitgeber die festgestellten erforderlichen Maßnahmen zur Gewährleistung des Arbeitsschutzes in eigener Verantwortung umsetzen. Im Homeoffice oder bei mobiler Arbeit gestaltet sich diese Verpflichtung schwieriger. Das Grundrecht der Unverletzlichkeit der Wohnung (Art. 13 GG) verbietet dem Arbeitgeber ein Betreten der Wohnung und damit einen Zugriff auf den Arbeitsplatz im Homeoffice, wenn der Beschäftigte nicht freiwillig Zutritt gewährt.[61] Lebt der Arbeitnehmer mit Familienangehörigen zusammen oder z. B. in einer WG, sind auch die Grundrechte der Mitbewohner betroffen. Der Schutz der Privatsphäre des Arbeitnehmers und

---

[59] Wiebauer, Arbeitsschutz und Digitalisierung, NZA 2016, 1430 ff.

[60] Zu BYOD, →*Kapitel 2.5.3.*

[61] Teilweise wird daher vertreten, dass der Arbeitgeber dem Arbeitnehmer nur dann Telearbeit erlauben dürfe, wenn dem Arbeitgeber ein ausdrückliches Zutrittsrecht eingeräumt wird (Wiese, Personale Aspekte und Überwachung der häuslichen Telearbeit, RdA 2009, 344 ff.).

etwaiger anderer Personen machen es dem Arbeitgeber faktisch und rechtlich unmöglich, die für Betriebsstätten konzipierten Arbeitsschutzbestimmungen am häuslichen Arbeitsplatz und bei mobilem Arbeiten inhaltsgleich umzusetzen.[62]

Je weiter die Mobilität des Arbeitnehmers reicht, desto weniger kann der Telearbeitsplatz beurteilt werden. Zu konsistenten Ergebnissen gelangt man daher nur, wenn man die Arbeitsschutzpflichten des Arbeitgebers konsequent an seinen rechtlichen und tatsächlichen Möglichkeiten ausrichtet. Soweit im Verhältnis zwischen Arbeitgeber und Arbeitnehmer letzterer die wesentlichen Entscheidungen über die Arbeitsbedingungen, bei mobiler Arbeit also über den Arbeitsort trifft, bleiben dem Arbeitgeber in erster Linie organisatorische Schutzmaßnahmen, insbesondere Unterweisungen und Anweisungen zum Arbeitsschutz.[63] Gleichzeitig steigt die Eigenverantwortung des Arbeitnehmers und seine Mitwirkungspflichten nach §§ 15 und 16 ArbSchG.

---

[62] Hidalgo, Arbeitsschutz im Home Office – ein Lösungsvorschlag, NZA 2019, 1449 ff.

[63] Wiebauer, Arbeitsschutz und Digitalisierung, NZA 2016, 1430 ff.

Hinweis

Auch wenn bei mobiler Arbeit der Eigenverantwortung des Arbeitnehmers zum Arbeitsschutz eine wesentliche Bedeutung zukommt, kann der Arbeitgeber seine Verpflichtung zum Arbeitsschutz nicht vollständig auf den Arbeitnehmer abwälzen. Der Arbeitgeber muss vielmehr den Arbeitsschutz insoweit gewährleisten, als es ihm möglich ist. Hierzu gehören regelmäßige Unterweisungen, konkrete Arbeitsanweisungen und Rahmenvorgaben. Der Arbeitgeber wird stichprobenartig die Einhaltung seiner Vorgaben überprüfen und regelmäßig beim Arbeitnehmer nachfragen müssen, ob bisher unberücksichtigte Gefährdungen aufgetreten sind.

Der Umfang der Arbeitsschutzmaßnahmen hängt dabei auch vom (zeitlichen) Anteil der mobilen Arbeit ab.

2.3.4 Unterweisungspflicht, § 12 ArbSchG

Da die Einhaltung der Arbeitsschutzbestimmungen bei jeder Art mobilen Arbeitens kaum zu kontrollieren ist, kommt der Prävention und der Eigenverantwortung der Arbeitnehmer für die Umsetzung gesundheitsschützender Regelungen zentrale Bedeutung zu, wofür Unterweisungen nach § 12 ArbSchG eine wichtige Rolle spielen, da die Beschäftigten auf Gefährdungspotenziale sensibilisiert werden müssen.[64] Inhaltlich kann dabei auf § 6 ArbStättV abgestellt werden.

Unabhängig von einer Gefährdungsbeurteilung sollte daher bei mobiler Arbeit eine abstrakte Unterweisung über typische

---

[64] Hidalgo, Arbeitsschutz im Home Office – ein Lösungsvorschlag, NZA 2019, 1449 ff.

Gefährdungen erfolgen, wobei diese hinsichtlich Intensität und Inhalt dem Einzelfall anzupassen ist. In der Literatur wird folgende Differenzierung vorgeschlagen:[65]

- Arbeitet der Arbeitnehmer **üblicherweise von der Betriebsstätte aus** und nutzt er nur gelegentlich ein Smartphone, um seine Erreichbarkeit zu Hause oder auf Reisen sicherzustellen, ist die Information grundsätzlich entbehrlich.

- Das Gleiche gilt für Arbeitnehmer, die nur **gelegentlich und untergeordnet von zu Hause aus** arbeiten (z. B. einen Tag pro Woche bei einer Fünf-Tage-Woche), ohne einen Telearbeitsplatz zu haben. Auch in diesem Fall soll der Arbeitgeber von einer Information absehen dürfen. Denn die Tätigkeit im Homeoffice ist in diesem Fall im Vergleich zur Tätigkeit im Betrieb so untergeordnet, dass den Arbeitnehmer die typischen Risiken bei Homeoffice-Tätigkeiten nur in sehr geringem Umfang treffen dürften.

- Arbeitet der Arbeitnehmer dagegen **überwiegend von zu Hause aus**, ohne einen Telearbeitsplatz zu haben, sollte die Information umfassender sein und sich jedenfalls auf die typischen Gefährdungen im Homeoffice beziehen, die auch bei Telearbeitsplätzen zu berücksichtigen sind. Denn in diesem Fall besteht hinsichtlich der grundsätzlichen Gefährdungen wenig Unterschied zur Telearbeit. Soweit eine Gefährdungsbeurteilung erfolgt, ist die Unterweisung deren Ergebnissen anzupassen.

---

[65] Hidalgo, Arbeitsschutz im Home Office – ein Lösungsvorschlag, NZA 2019, 1449 ff.

2.3.5 Gefährdungsbeurteilung

Die Gefährdungsbeurteilung ist zentraler Punkt des Arbeitsschutzes, da sich aus ihr die konkreten Maßnahmen ableiten, die der Arbeitgeber ergreifen muss, insbesondere wie die Unterweisung zu erfolgen hat. Aber auch hier hat der Arbeitgeber das Spannungsfeld zwischen Privatsphäre und Arbeitsschutz zu lösen.

Bei Telearbeitsplätzen wird teilweise vertreten, der Arbeitgeber müsse sich zur Gewährleistung der Gefährdungsbeurteilung und der damit erforderlichen Arbeitsplatzbesichtigung vor Ort, ein Zutrittsrecht vertraglich vorbehalten und bei Ablehnung des Arbeitnehmers die Telearbeit versagen. Eine solche Verpflichtung bzw. ein vertraglicher Vorbehalt wird für mobile Arbeit dagegen überwiegend abgelehnt, da bei mobiler Arbeit die Arbeitnehmer selbst über den Ort (und die Zeit) ihrer Arbeit entscheiden, sodass eine Kontrolle kaum möglich sei. Der Arbeitgeber könne zwar ergonomische Hard- und Software bereitstellen, die übrigen Arbeitsmittel und die Arbeitsumgebung jedoch nur begrenzt beeinflussen. Es bedürfe deshalb einer ganzheitlichen, systematischen Gefährdungsbeurteilung der spezifischen Belastungsfaktoren, die gegebenenfalls beim Arbeitnehmer erfragt werden müssten.[66,67]

---

[66] Hidalgo: Arbeitsschutz im Home Office – ein Lösungsvorschlag, NZA 2019, 1449 ff.

[67] Hierzu können Fragebögen genutzt werden, die z. B. vom der Technologieberatungsstelle beim DGB NRW e.V. (*www.tbs-nrw.de*), einem gemeinsamen Projekt der DGB Bezirk NRW und dem Ministerium für Arbeit, Gesundheit und Soziales des Landes Nordrhein-Westfalen, zur Verfügung gestellt werden.

> **Hinweis**
>
> Die (abstrakte) Gefährdungsbeurteilung bei mobiler Arbeit wird sich weniger mit dem Arbeitsort und/oder den Arbeitsmitteln befassen müssen, als mit Faktoren der in der Regel gleichzeitig gegebenen zeitlichen Flexibilisierung der Arbeitsleistung, etwa bei Überschreitung der zulässigen Höchstarbeitszeit, ungenügenden Erholung- und Ruhezeiten und Belastungen der ständigen Erreichbarkeit.

Zur Umsetzung in der Praxis wird – wie bereits oben bei der Unterweisungsverpflichtung (→*Kapitel 2.3.4*) – eine abgestufte Gefährdungsbeurteilung vorgeschlagen:[68]

- Arbeitet der Arbeitnehmer **üblicherweise von der Betriebsstätte aus** und nutzt er nur gelegentlich ein Smartphone, um seine Erreichbarkeit zu Hause oder auf Reisen sicherzustellen oder arbeitet er nur **gelegentlich und untergeordnet von zu Hause aus** (z. B. einen Tag pro Woche bei einer Fünf-Tage-Woche), ohne einen Telearbeitsplatz zu haben, kann er seine Arbeitsbedingungen weitgehend frei gestalten und ist in seinem häuslichen Bereich weder den vom Betrieb ausgehenden typisierenden Gefahren ausgesetzt, noch treffen ihn die typischen Risiken bei ausschließlicher Telearbeit. In diesem Fall soll der Arbeitgeber von einer Gefährdungsbeurteilung absehen dürfen. Verwendet der Arbeitgeber freiwillig eine Checkliste, sind die Ergebnisse zu berücksichtigen.

- Arbeitet der Arbeitnehmer **überwiegend von zu Hause aus**, ohne einen Telearbeitsplatz zu haben, ist der Arbeitgeber je-

---

[68] Hidalgo, Arbeitsschutz im Home Office – ein Lösungsvorschlag, NZA 2019, 1449 ff.

denfalls nicht gezwungen einen Telearbeitsplatz zu schaffen, nur um eine Gefährdungsbeurteilung durchführen zu können. Auch in diesem Fall soll vielmehr keine Gefährdungsbeurteilung erforderlich sein, solange keine Anhaltspunkte dafür bestehen, dass der Arbeitnehmer grob gegen sein eigenes Interesse am Erhalt seiner Gesundheit verstößt.

Hinweis

Zur Sicherheit kann der Arbeitgeber dem Arbeitnehmer in diesem Fall die Besichtigung und Beurteilung des häuslichen Arbeitsplatzes oder die Ermittlung besonderer Belastungen durch einen Fragebogen zur Gefährdungsbeurteilung anbieten. Der Arbeitnehmer kann dann entscheiden, ob er das Angebot annimmt und wie viel Arbeitsschutz er im Ergebnis möchte. Lehnt der Arbeitnehmer die Besichtigung der Wohnung und/oder einen Fragebogen ab, ist der Arbeitgeber nicht verpflichtet, das mobile Arbeiten zu verbieten.

2.3.6 Anforderungen an Bildschirmarbeitsplätze nach der Arbeitsstättenverordnung

Bei Telearbeitsplätzen muss nach § 1 Abs. 3 Nr. 2 ArbStättV auch der Anhang Nr. 6[69] berücksichtigt werden. Darin sind spezifische Anforderungen an Bildschirmarbeitsplätze gestellt, wie etwa Grundsätze zur Ergonomie oder die Verpflichtung, die Tätigkeit an Bildgeräten durch andere Tätigkeiten oder regelmäßige Erholungszeiten zu unterbrechen.

---

[69] Entspricht inhaltlich der früheren Bildschirmarbeitsplatzverordnung.

Anhang Nr. 6 zu § 3 Abs. 1 ArbStättV beinhaltet konkrete Maßnahmen zur Gestaltung von Bildschirmarbeitsplätzen. Bildschirmarbeitsplätze sind nach § 2 Abs. 5 ArbStättV Arbeitsplätze, die sich in Arbeitsräumen befinden und mit Bildschirmgeräten und sonstigen Arbeitsmitteln ausgestattet sind.

Auch wenn die Arbeitsstättenverordnung grundsätzlich nicht auf mobiles Arbeiten anzuwenden ist und § 2 Abs. 5 ArbStättV Bildschirmarbeitsplätze auf solche Arbeitsplätze beschränkt, die sich in Arbeitsräumen befinden, ist dennoch umstritten, ob für mobiles Arbeiten – bei dem üblicherweise ein Laptop überlassen wird – die Vorgaben für Bildschirmarbeitsplätze einzuhalten sind. Begründet wird dies überwiegend damit, dass der Verordnungsgeber in der Arbeitsstättenverordnung mit Anhang 6 nur die alte Bildschirmarbeitsplatzverordnung übernehmen wollte und in dieser ein Bildschirmarbeitsplatz bereits dann gegeben war, wenn der (also irgendein) Arbeitsplatz mit einem Bildschirm ausgestattet war. Dies konnten auch Arbeitsplätze außerhalb von „Arbeitsräumen", z. B. im Freien oder auf Baustellen sein.[70]

Möchte der Arbeitgeber vorsorglich die Anforderungen nach Anhang 6 zur Arbeitsstättenverordnung auch bei mobilem Arbeiten einhalten, wird er die genannten Bedingungen, soweit diese vom Arbeitnehmer eigenverantwortlich beeinflusst werden können, als Arbeitsanweisung im Wege seines Direktionsrechts nach § 106 GewO vorgeben. Die Anforderungen an die Hardware können der DGUV Information 215-410 entnommen werden.[71]

---

[70] Hidalgo, Arbeitsschutz im Home Office – ein Lösungsvorschlag, NZA 2019, 1449 ff.

[71] Deutsche Gesetzliche Unfallversicherung, DGUV Information 215-410 auf *www.dguv.de* unter: *t1p.de/7e7o* (Stand: 10.05.2021).

Hinweis

Anhang 6.3 Abs. 2 Arbeitsstättenverordnung enthält konkrete Vorgaben zu **Tastaturen an Bildschirmarbeitsplätzen**. Sie müssen u.a. vom Bildschirm getrennte Einheiten und neigbar sein. Außerdem müssen Form und Anschlag der Tasten den Arbeitsaufgaben angemessen sein und eine ergonomische Bedienung ermöglichen, die Beschriftung der Tasten muss sich vom Untergrund deutlich abheben und bei normaler Arbeitshaltung gut lesbar sein. Bei üblichen Business-Laptops werden diese Vorgaben kaum erfüllt sein, insbesondere nicht die Trennung zwischen Tastatur und Bildschirm. Möchte der Arbeitgeber bei mobilem Arbeiten die Vorgaben zum Bildschirmarbeitsplatz nach Anhang 6 Arbeitsstättenverordnung erfüllen, wird er dem Arbeitnehmer regelmäßig eine zusätzliche Tastatur überlassen müssen.[72]

2.3.7 Sanktionen bei Verstößen gegen den Arbeitsschutz

Die Gewährleistung des Arbeitsschutzes bei mobilem Arbeiten stellt eine erhebliche Herausforderung für Arbeitgeber dar, zumindest wenn man der Ansicht folgt, dass der Arbeitsschutz aus den allgemeinen Vorschriften des Arbeitsschutzgesetzes gewährleistet werden muss, obwohl die Arbeitsstättenverordnung außerhalb der Telearbeit und damit bei mobilem Arbeiten nicht anwendbar ist. Eine wesentliche Bedeutung wird bei Arbeitgebern bei Beurteilung des Wunsches von Arbeitnehmern, einen Teil ihrer Arbeitsleistung im Rahmen mobiler Arbeit erbringen

---

[72] Zur technischen Ausstattung der mobilen Arbeit, →*Kapitel 3.4.*

zu dürfen, die Frage haben, **welche Sanktionen drohen, falls Verstöße gegen den Arbeitsschutz vorliegen.**

Die Arbeitsstättenverordnung definiert in § 9 ArbStättV Ordnungswidrigkeiten sowie (bei vorsätzlichen Handlungen und der Gefährdung von Leben oder Gesundheit der Beschäftigten) Straftaten, wenn gegen die Vorgaben in §§ 3a, 4 und 6 ArbStättV verstoßen wird. Diese Sanktionen sind mangels Anwendbarkeit der Arbeitsstättenverordnung für die mobile Arbeit nicht einschlägig.

Das Arbeitsschutzgesetz definiert in §§ 25 und 26 ArbSchG selbst keine Ordnungswidrigkeiten oder Straftaten, sondern verweist auf Tatbestände in Rechtsverordnungen nach § 18 und § 19 ArbSchG (also z. B. die Arbeitsstättenverordnung) bzw. sanktioniert Verstöße gegen vollziehbare Anordnungen von Behörden.

Nach dem Grundsatz „Keine Strafe ohne Gesetz" können daher Verstöße, gegen Generalsvorschriften aus dem Arbeitsschutzgesetz keine strafbewehrten Folgen, wie etwa ein Bußgeld bei Ordnungswidrigkeiten oder die Verhängung von Strafen, auslösen.

2.4 Technische Ausstattung/Arbeitsmittel

In diesem Kapitel erhalten Sie Praxis-Einblicke, mit welchen Arbeitsmitteln Sie für eine virtuelle Zusammenarbeit gut aufgestellt sind.

2.4.1 Technische Grundausstattung

Um im Homeoffice oder im mobilen Remote-Betrieb optimal arbeiten zu können, ist eine professionelle und moderne IT-Ausstattung unerlässlich.

Dafür hat sich in der Praxis folgende Ausstattung bewährt:

- PC/Mac oder Laptop (reine Tablets nur als Ergänzung),

- Mindestens ein großer zusätzlicher Monitor (besser zwei),

- Separate Maus und Tastatur (sofern möglich beides ergonomisch),

- Gegebenenfalls eine zusätzliche Webcam (falls nicht im Monitor oder Laptop eingebaut),

- Headset (kabelgebunden oder Bluetooth),

- Drucker (sofern benötigt),

- Stabiler Internetzugang mit 50 MBit/sek. (sofern verfügbar).

2.4.2   Mehrere Monitore bei häufiger Arbeit via Video Call

Sofern wirtschaftlich möglich und sinnvoll (auch in Abhängigkeit von der Häufigkeit der Arbeit im Homeoffice) empfiehlt sich die Einrichtung eines festen, videofähigen Arbeitsplatzes. Hierzu gehört auch eine Zwei-Monitor-Lösung, die es ermöglicht einerseits an Videokonferenzen teilzunehmen und andere Beteiligte zu sehen, während am anderen Monitor eine Präsentation verfolgt oder gemeinsam an Dokumenten oder ähnlich gearbeitet wird. Im regelmäßigen oder gar dauerhaft genutzten Homeoffice kann über eine optimierte Ausrichtung aller Hardware-Geräte zusätzlich ein Ergonomie-Vorteil erzielt werden, der die Arbeit erleichtert und Ermüdungserscheinungen vorbeugt.

2.4.3   Hochwertige Audio-Input/Output Geräte

Werden häufiger Videokonferenzen oder Bild-/Ton-unterstützte Chatformate genutzt, so sollten Sie auch Wert auf hochwertige

Kameras und Mikrofone sowie Headsets legen. Anders als bei nur sporadischer Nutzung, kann die stetige Zusammenarbeit bei rauschenden, knarzenden oder gar aufgrund von Wackelkontakten mangelhaften Peripherie-Geräten häufiger unterbrochene Sprach- oder Video-Verbindungen schnell sehr anstrengend für alle Beteiligten werden. Dies stört die produktive und harmonische Zusammenarbeit nachhaltig.

2.4.4   Stabilität der Internetverbindung

Ähnliches gilt für die Stabilität der Internetverbindung. Kann diese über einen DSL-, Kabel-, Glasfaser- oder Satellitenzugang temporär nicht stabil gewährleistet werden, erwägen Sie von Anfang an technische Workarounds. So könnte in einem solchen Fall kurzzeitig eine via Hotspot genutzte Mobilfunk-Verbindung Abhilfe schaffen. In Anbetracht vermutlich begrenzter Datenvolumen-Kapazitäten ist dies jedoch keine Dauerlösung.

Wichtig

Für den Fall schwerwiegender technischer Störungen, eines Komplettausfalls der Remote-Systeme oder des Internetzugangs, sollten Sie für einen standardisierten Hotline- oder Notfall-Prozess sorgen. Remote arbeitende Beschäftigte müssen wissen, über welchen Kanal sie von ihrem Arbeitgeber technischen Support oder anderweitige Unterstützung beziehen können.

2.4.5 Softwarelizenzen

Achten Sie auf klare Regelungen hinsichtlich der auf geschäft-
lichen Endgeräten durch Beschäftigte installierbaren Software.
Generell sollten Regelungen, die für die Arbeit im Unternehmen
gelten auch analog für die im Homeoffice genutzten Geräte Anwendung finden. Soll die Installation zusätzlicher, nicht vom
Arbeitgeber freigegebener oder gar rein privat genutzter Software gestattet werden, so sind dabei verschiedene rechtliche
Themenstellungen zu beachten (→*Kapitel 2.5.3*). In jedem Fall
sollten Arbeitgeber dafür Sorge tragen, dass alle zum Betrieb
notwendigen Softwarelizenzen tatsächlich vorhanden sind.

2.4.6 Übersicht Technologien/Tools Video-Konferenz

Es gibt eine Vielzahl an Software-Tools, die für eine virtuelle Zusammenarbeit geeignet sind. Die meisten sind zwischenzeitlich
auch über ein Mobilgerät (z. B. Smartphone) nutzbar.

Hier eine Aufstellung häufig genutzter Videokonferenz-Systeme:

- Microsoft Teams,

- Zoom,

- Google Meet,

- Cisco Webex Meetings,

- GoToMeeting,

- Jitsi,

- BigBlueButton,

- BlueJeans,

- usw.

Bei der Auswahl eines solchen Systems sind eine Reihe von Voraussetzungen zu beachten. Neben der Notwendigkeit entsprechender End-to-end-Verschlüsselungstechnologien gelten auch hier die Anforderungen der DS-GVO und weitere gesetzliche Regelungen (→*Kapitel 2.8*).

Wichtig

Für eine reibungsfreie Remote-Arbeit ist es erforderlich, dass alle Beteiligten mit diesen Tools routiniert umgehen können. Planen Sie daher ausreichend Zeit und Ressourcen für das „technische Onboarding" ein. Die Anlage pragmatischer Hilfedokumente, Tipps oder „Häufige Fragen" erleichtert diesen Prozess für viele Beschäftigte. Generell sollten Arbeitgeber aber Wert darauf legen, die Selbstorganisationskompetenz der remote Arbeitenden systematisch zu stärken. Das gilt auch und insbesondere im Bereich Lernen.

2.5 Rechtliche Fragen zur Überlassung von Arbeitsmitteln

Den Arbeitgeber trifft die Verpflichtung, dem Arbeitnehmer einen funktionsfähigen Arbeitsplatz zur Verfügung zu stellen, damit der Arbeitnehmer die geschuldete Arbeitsleistung erbringen kann. Immer wieder werden in der Praxis aber auch private Geräte zur Arbeitsleistung genutzt. Nicht nur für Arbeitsmittel, sondern allgemein stellt sich zudem die Frage, wer etwaige notwendige Kosten der mobilen Arbeit trägt.

2.5.1 Stellung von Betriebsmitteln

Auch wenn keine unmittelbare gesetzliche Verpflichtung besteht, wird der Arbeitgeber regelmäßig die technischen Arbeitsmittel für eine mobile Arbeit zur Verfügung stellen, insbesondere PC bzw. Laptop, Datenträger, Software, Mobiltelefon und sonstige Telekommunikationsmittel, z. B. ein Telefax.[73]

Fraglich ist, ob der Arbeitgeber auch einen häuslichen Arbeitsplatz bei mobilem Arbeiten einzurichten hat, also z. B. das Homeoffice mit Büromöbeln und sonstiger Technik ausstatten oder zumindest die Kosten hierfür tragen muss.

§ 2 Abs. 7 ArbStättV enthält hierzu keine Vorgaben. Vielmehr setzt das Entstehen eines Telearbeitsplatzes i. S. d. § 2 Abs. 7 ArbStättV die Einrichtung des Bildschirmarbeitsplatzes im Privatbereich voraus, d. h. der Telearbeitsplatz entsteht erst dadurch, dass der Arbeitgeber (neben einer entsprechenden Vereinbarung mit dem Arbeitnehmer) die benötigte Ausstattung des Telearbeitsplatzes mit Mobiliar, Arbeitsmitteln einschließlich der Kommunikationseinrichtungen bereitgestellt und installiert hat.

Kein Zweifel besteht dagegen, dass der Arbeitgeber notwendiges Büromaterial (z. B. Papier, Briefmarken) zur Verfügung zu stellen hat bzw. die Kosten hierfür trägt.

---

[73] Siehe ausführlich zur technischen Ausstattung, ➜*Kapitel 2.4.*

Hinweis

Der Arbeitgeber sollte die für die mobile Arbeit erforderlichen Arbeitsmittel, insbesondere erforderliche EDV-Ausstattung (Laptop, evtl. benötigte Datenträger, etc.) selbst erwerben und sodann dem Arbeitnehmer zur (kostenfreien) Nutzung überlassen. Damit bleibt der Arbeitgeber Eigentümer der Arbeitsmittel und kann nicht nur deren Herausgabe verlangen, sondern auch die Privatnutzung der Arbeitsmittel oder die Überlassung an Dritte untersagen, sowie konkrete Vorgaben zum Datenschutz machen.

Überlässt der Arbeitgeber Arbeitsmittel an den Arbeitnehmer, kann er ein Verbot der privaten Nutzung einseitig anordnen, was z. B. auch aus datenschutzrechtlichen Erwägungen sinnvoll sein kann. Aber auch ohne ausdrückliche Vorgabe oder Regelung darf der Arbeitnehmer die ihm vom Arbeitgeber zur Verfügung gestellten Arbeitsmittel grundsätzlich nicht privat nutzen (ungeschriebenes Privatnutzungsverbot).[74] Ein Verstoß gegen die verbotene Privatnutzung kann kündigungsrechtliche Konsequenzen haben oder zu einer verschärften Haftung bei Beschädigungen oder auch bei Betriebsstörungen führen.[75]

Der Arbeitgeber kann die Privatnutzung der überlassenen Arbeitsmittel jedoch generell oder in einem festgelegten Umfang und in einer festgelegten Art und Weise gestatten.

---

[74] Müller, Homeoffice in der arbeitsrechtlichen Praxis, 2. Auflage 2020, Rn. 158.

[75] Siehe hierzu →*Kapitel 2.5.5* und →*Kapitel 2.6.*

Hinweis

Die Privatnutzungsmöglichkeit von Betriebsmitteln stellt grundsätzlich einen lohnsteuerpflichtigen geldwerten Vorteil dar. Hiervon sieht § 3 Nr. 45 EStG eine Ausnahme vor: Danach ist die Privatnutzung von betrieblichen Datenverarbeitungs- und Telekommunikationsgeräten sowie deren Zubehör steuerfrei. Dies gilt z. B. für Privatgespräche des Arbeitnehmers mit einem überlassenen Diensthandy oder die Nutzung des betrieblichen Laptops zu Privatzwecken. Die Steuerfreiheit umfasst auch die Anschlusskosten und die vom Arbeitgeber getragenen Verbindungsentgelte für die berufliche und private Nutzung (R 3.45 LStR 2015).

2.5.2 Kostenerstattung

Der Arbeitgeber hat dem Arbeitnehmer einen funktionsfähigen Arbeitsplatz zur Verfügung zu stellen, d. h. ihm die erforderlichen Arbeitsmittel zu überlassen. Nutzt der Arbeitnehmer dagegen seine privaten Arbeitsmittel für betriebliche Zwecke, bzw. schafft er die für mobiles Arbeiten erforderlichen Arbeitsmittel sogar auf eigene Kosten an, hat er grundsätzlich nach § 670 BGB analog Anspruch auf Aufwendungsersatz.

Nach der aus dem Auftragsrecht folgenden Vorschrift des § 670 BGB kann unabhängig von dem zugrundeliegenden Rechtsgeschäft derjenige, der im Interesse eines Anderen Aufwendungen macht, von diesem die getätigten Aufwendungen ersetzt verlangen. Nach ständiger Rechtsprechung des Bundesarbeitsgerichts (BAG) ist jedoch zu berücksichtigen, dass Aufwendungen, die ein Arbeitnehmer zwecks Erbringung der vertraglich geschuldeten Arbeitsleistung tätigt, im Interesse beider Arbeitsvertragsparteien liegen können. Dem Arbeitgeber kann deshalb bei entsprechender Anwendung des § 670 BGB nur dann das alleinige Tragen der Aufwendungen auferlegt werden, wenn sein Interesse soweit überwiegt, dass das Interesse des Arbeitnehmers vernachlässigt werden kann.[76]

Beispiel: Zum Führen eines Lastkraftwagens ist nach § 2 Fahrpersonalverordnung (FPersV) eine digitale Fahrerkarte erforderlich, die dem Lkw-Fahrer durch das Kraftfahrtbundesamt gegen eine Gebühr ausgestellt wird. Beantragt ein als Kraftfahrer beschäftigter Arbeitnehmer auf Aufforderung seines Arbeitgebers bei der zuständigen Behörde nach § 4 FPersV die Ausstellung der Fahrerkarte, so besteht kein Anspruch entsprechend § 670 BGB auf Ersatz der Kosten, die im Zusammenhang mit der Beschaffung der Fahrerkarte entstehen. Zwar hat der Arbeitgeber ein dringendes betriebliches Interesse daran, dass seine Arbeitnehmer über die für das Führen von Lastkraftwagen erforderliche (§ 2 FPersV) Fahrerkarte verfügen. Der Einsatz eines Fahrers auf einem LKW mit digitalem Tachografen, der über keine Fahrerkarte verfügt, würde eine Ordnungswidrigkeit des Arbeitgebers nach § 23 Abs. 1 Nr. 2 FPersV darstellen. Andererseits hat der Arbeitnehmer auch ein eigenes Interesse an der Erlangung der Fahrerkarte. Ohne die Fahrerkarte dürfte er die vertraglich geschuldete Fahrtätigkeit nicht anbieten. Würde er einen LKW mit digitalem Tachografen ohne die erforderliche Fahrerkarte betreiben, beginge er ebenfalls eine Ordnungswidrigkeit.

Etwas anderes gilt z. B. bei der Beschaffung für die nach den gesetzlichen Unfallverhütungsvorschriften vorgeschriebenen Sicherheitsschuhe. Aufgrund der Unfallverhütungsvorschriften sowie der gesetzlichen Regelung der §§ 618, 619 BGB obliegt die Beschaffung von Sicherheits-

---

[76] BAG vom 16.10.2007 – 9 AZR 170/07, DB 2008, 933.

bekleidung allein dem Arbeitgeber. Deswegen liegt der Kauf von Sicherheitsschuhen durch den Arbeitnehmer im überwiegenden Interesse des Arbeitgebers. Das zum Ersatz der Aufwendungen gehörige Interesse des Arbeitgebers ergibt sich hier aus den gesetzlichen Beschaffungsvorschriften.

Die Beurteilung, ob ein Arbeitnehmer Ersatz seiner für erforderlich gehaltenen Aufwendungen verlangen kann, wenn er einen Teil seiner Arbeitsleistung im häuslichen Arbeitszimmer oder im Rahmen mobilen Arbeitens erbringt, erfordert daher eine typisierende Interessenabwägung. Der Arbeitgeber kann ein erhebliches Interesse daran haben, dass der Arbeitnehmer seine Arbeitsleistung zu Hause erbringt. Denn mit der Auslagerung der Tätigkeit in den häuslichen Bereich des Arbeitnehmers erspart er sich im Regelfall Kosten für die Unterhaltung von Arbeitsplätzen. Aber auch der Arbeitnehmer kann ein Interesse an einem häuslichen Arbeitszimmer oder mobiler Arbeit haben. Der Arbeitnehmer kann sich hiermit Fahrtwege und damit Kosten und Zeitaufwand ersparen.[77]

Hinweis

Stellt der Arbeitgeber dem Arbeitnehmer (in gewissem Rahmen) frei, an welchem Ort er einen Teil seiner Arbeitsleistung erbringen darf, kann dies ein gewichtiges Indiz dafür sein, dass das Interesse des Arbeitnehmers an der Einrichtung eines häuslichen Arbeitsplatzes oder für mobiles Arbeiten überwiegt. In diesem Falle scheidet ein Kostenerstattungsanspruch analog § 670 BGB aus.[78]

---

[77] BAG vom 12.04.2011 – 9 AZR 14/10, DB 2011, 2098.
[78] BAG vom 12.04.2011 – 9 AZR 14/10, DB 2011, 2098.

Die Frage der Kostentragung und des Aufwendungsersatzes nach § 670 BGB analog stellt sich nicht nur dann, wenn der Arbeitnehmer eigene Arbeitsmittel nutzt oder gar anschafft (was in der Praxis eher der Ausnahmefall sein dürfte), sondern auch bezüglich **laufender Kosten der Arbeitsleistung,** wie etwa anteilige Miete, Nutzungs- und Fahrtkosten.

Nutzt der Arbeitnehmer seine Wohnung im Rahmen des mobilen Arbeitens, steht ihm die Wohnfläche für den Zeitraum des mobilen Arbeitens nicht zur privaten Nutzung zur Verfügung. Zugleich verursacht die Nutzung einen Teil der Nebenkosten, insbesondere Strom- und Heizkosten. Der Arbeitnehmer erbringt insoweit zugunsten des Arbeitgebers ein Vermögensopfer, für das er grundsätzlich Aufwendungsersatz nach § 670 BGB analog verlangen kann. Gleiches gilt auch, wenn der Arbeitnehmer einen privaten Internet- oder Telefonanschluss benutzt. Wie auch bei der Anschaffung privater Arbeitsmittel besteht der Anspruch auf Kostenerstattung analog § 670 BGB allerdings nur dann, wenn das Arbeiten im Homeoffice oder mobiles Arbeiten im überwiegenden Interesse des Arbeitgebers erfolgt. Stellt der Arbeitgeber dem Arbeitnehmer dagegen frei, einen Teil seiner Arbeitsleistung an einem (mehr oder weniger) beliebigen Ort zu erbringen, werden hierfür anfallende Kosten nicht durch den Arbeitgeber verpflichtend zu erstatten sein.

Kann der Arbeitnehmer im Rahmen des mobilen Arbeitens außerhalb seiner Betriebsstätte und außerhalb seiner Wohnung tätig werden, stellt sich die Frage, ob **Fahrt*zeiten*** zum mobilen Arbeitsort und **Fahrt*kosten*** erstattungsfähige Aufwendungen im Sinne von § 670 BGB analog darstellen.[79] Auch insoweit hat eine Interessenabwägung zur erfolgen, die insbesondere zu berücksichtigen hat, auf wessen Veranlassung die mobile Arbeit

---

[79] Zur arbeitszeitrechtlichen Bewertung, →*Kapitel 2.1.4.*

erfolgt. Umfasst das mobile Arbeiten im Einzelfall z. B. einen Kundenbesuch, liegt eine klassische Dienstreise vor, deren Aufwendungen der Arbeitgeber zu tragen hat. Besucht der Arbeitnehmer dagegen z. B. seinen 200 Kilometer entfernten Vater und nutzt die Gelegenheit, um dort einige Stunden mobil zu arbeiten, liegen die Fahrtzeiten und -kosten im Interesse des Arbeitnehmers und ein Aufwendungsersatz scheidet aus.

Der Arbeitgeber kann einen **Aufwendungsersatzanspruch nach § 670 BGB analog abwenden**, wenn er im Streitfall darlegen und beweisen kann, dass die mobile Arbeit oder Arbeit im Homeoffice im überwiegenden Arbeitnehmerinteresse liegt. Ein entsprechender Nachweis kann insbesondere dann geführt werden, wenn dokumentiert wird, dass der Arbeitnehmer nicht verpflichtet ist, im Homeoffice zu arbeiten und ihm im Betrieb ein Arbeitsplatz zur Verfügung steht, den der Arbeitnehmer (jederzeit) alternativ zum mobilen Arbeitsplatz nutzen kann.[80]

Hinweis

Die Regelung des § 670 BGB ist dispositiv, kann also durch Vereinbarungen zwischen Arbeitgeber und Arbeitnehmer erweitert, eingeschränkt oder ausgeschlossen werden.[81]

Teilweise wird vertreten, dass ein vollständiger Ausschluss des Aufwendungsersatzes nach § 670 BGB in Formulararbeitsver-

---

[80] Müller, Homeoffice in der arbeitsrechtlichen Praxis, 2. Auflage 2020, Rn. 256.

[81] BAG vom 14.10.2003 – 9 AZR 657/02, DB 2004, 1434.

trägen (AGB)[82] nach § 307 Abs. 2 Nr. 1 BGB unzulässig wäre.[83] Entgegen dieser Auffassung dürfte der Ausschluss des Aufwendungsersatzes aber jedenfalls in Fällen zulässig sein, in denen auch eine Interessenabwägung den Aufwendungsersatz ausschließen würde, also Konstellationen, in denen das mobile Arbeiten vorwiegend im Interesse des Arbeitnehmers erfolgt und dem Arbeitnehmer uneingeschränkt alternativ ein betrieblicher Arbeitsplatz zur Verfügung steht.

Zulässig sind z. B. Vereinbarungen, wonach etwaige Aufwendungen im Zusammenhang mit dem mobilen Arbeiten durch die Vergütung des Arbeitnehmers abgegolten sind[84] oder die eine Pauschale zur Abgeltung des Aufwendungsersatzes vorsehen.

---

[82] Zur Anwendung des Rechts der Allgemeinen Geschäftsbedingungen (AGB) auf arbeitsvertragliche Vereinbarungen, siehe ausführlich →*Kapitel 3.2.2.*

[83] Müller, Homeoffice in der arbeitsrechtlichen Praxis, 2. Auflage 2020, Rn. 257.

[84] Vorausgesetzt der Einhaltung des Mindestlohns oder tariflicher Mindestentgelte unter diesen Gesichtspunkten.

2.5.3 BYOD – Nutzung privater Arbeitsmittel

Vornehmlich in der IT-Branche aber auch in anderen Bereichen – sicherlich gefördert durch die große Verbreitung von Smartphones – werden zunehmend auch private Arbeitsmittel der Arbeitnehmer zur Erbringung der Arbeitsleistung eingesetzt, z. B. indem ein betriebliches E-Mail-Konto im Smartphone hinterlegt wird, um von unterwegs Zugriff auf E-Mails oder Termine zu haben. Dieser Trend wird überwiegend als „**B**ring **Y**our **O**wn **D**evice" oder kurz BYOD bezeichnet.

Neben erheblichen datenschutzrechtlichen Bedenken gestaltet sich die dienstliche Nutzung privater Arbeitsmittel in vielerlei Hinsicht als problematisch. Der Arbeitgeber kann z. B. ein Interesse an der Herausgabe des dienstlich genutzten Arbeitsmittels haben, um den dringenden Verdacht einer Straftat aufzuklären. Da dienstlich genutzte private Arbeitsmittel regelmäßig im Eigentum des Arbeitsnehmers, vielleicht sogar eines Dritten, jedenfalls nicht im Eigentum des Arbeitgebers stehen, kommt eine Herausgabe aus zivilrechtlichen Gesichtspunkten (Eigentumsrecht, Besitzrecht) kaum in Betracht. Steht das private Arbeitsmittel im Eigentum des Arbeitnehmers, wird oftmals auch eine (zeitweise) Überlassung an Dritte (z. B. Familienmitglieder) kaum zu unterbinden sein.

In analoger Anwendung von § 667 BGB ist der Arbeitnehmer (z. B. bei Beendigung des Arbeitsverhältnisses) verpflichtet, dienstliche Kontakte sowie sämtliche dienstliche Daten, die auf dienstlich genutzten privaten Arbeitsmitteln gespeichert sind, an den Arbeitgeber zu übertragen („*herauszugeben*"). Im Hinblick auf datenschutzrechtliche Erwägungen wird der Arbeitgeber die Erfüllung dieser Verpflichtung regelmäßig aber nicht überprüfen können. Auf dienstlich genutzten privaten Arbeitsmitteln kann der Arbeitnehmer nach seinem Ermessen Anwendungssoftware nutzen, die eventuell Verknüpfungen zu betrieblichen Daten herstellen (z. B. Adressdaten oder Bilder). Auch dies kann der Arbeitgeber schwerlich untersagen, jedenfalls aber nicht überprüfen.

Es wird zwar vertreten, dass ein **Ausschluss des Rechts zur Privatnutzung** der im Eigentum des Arbeitnehmers stehenden Arbeitsmittel aufgrund einer Vereinbarung zulässig sei und damit das private Arbeitsmittel dem arbeitgeberseitigen Weisungsrecht unterliegen würde. Eine solche Vereinbarung muss allerdings den Anforderungen nach § 307 BGB genügen und einen angemessenen finanziellen Ausgleich (z. B. Ersatz einer üblichen Gerätemiete) oder eine andere angemessene Gegenleistung beinhalten.[85]

Hinweis

Der Ausschluss der Privatnutzung von Privateigentum des Arbeitnehmers unterliegt hohen Anforderungen und wird regelmäßig auf (sicherlich berechtigtes) Unverständnis des Arbeitnehmers stoßen. Da der Arbeitgeber ohnehin eine Gegenleistung zu Wahrung der Angemessenheit erbringen muss, stellt sich die Frage, ob nicht besser gleich eigene Betriebsmittel des Arbeitgebers zu Verfügung gestellt werden. Der Kostenaufwand wird sich nicht großartig unterscheiden. Die Risiken können aber deutlich minimiert werden.

---

[85] Müller, Homeoffice in der arbeitsrechtlichen Praxis, 2. Auflage 2020, Rn. 183.

Vor allem auch aus **datenschutzrechtlichen Erwägungen** ist die Einführung von BYOD kritisch zu bewerten. Um den Schutz personenbezogener Daten aus der Sphäre des Arbeitgebers einerseits und das allgemeine Persönlichkeitsrecht des Arbeitnehmers andererseits zu schützen, müssen die auf dem Gerät gespeicherten privaten und dienstlichen Daten mittels entsprechender Programme getrennt und separat verwaltet werden.[86]

Der Einsatz privater Arbeitsmittel erschwert auch die Erfüllung der Grundsätze aus Art. 5 Abs. 1 DS-GVO zur Integrität und Vertraulichkeit personenbezogener Daten sowie zur Datensicherheit, da der Gebrauch privater Geräte mit dem erhöhten Risiko verbunden ist, dass

- z. B. Familienangehörige, Freunde oder Besucher unbefugt von den, auf dem Gerät gespeicherten personenbezogenen Daten Kenntnis erlangen,

- auf dem Gerät gespeicherte Daten nur lokal vorhanden und damit nicht gesichert sind oder

- durch das Herunterladen von Apps für private Zwecke das Gerät durch Spyware oder Schadprogrammen infiziert wird, durch die Betriebs- und Geschäftsgeheimnisse gefährdet oder personenbezogene Daten unbefugt veröffentlicht werden.[87]

---

[86] Müller, Homeoffice in der arbeitsrechtlichen Praxis, 2. Auflage 2020, Rn. 176.
[87] Müller, Homeoffice in der arbeitsrechtlichen Praxis, 2. Auflage 2020, Rn. 177.

Hinweis

Der Arbeitgeber sollte dem Arbeitnehmer zumindest ein betriebliches Laptop sowie etwaige erforderliche Speichermedien zur Verfügung stellen. Die Probleme, die im Modell des BYOD im Zusammenhang mit eigener EDV des Arbeitnehmers auftreten, sind in der Praxis kaum zu beherrschen.

Weniger kritisch ist, wenn der Arbeitnehmer seine Erreichbarkeit mit privaten Arbeitsmitteln zu gewährleisten hat. Nutzt der Arbeitnehmer seinen eignen Festnetzanschluss oder sein Mobiltelefon/Smartphone *nur zum Telefonieren* (und eben nicht z. B. zum Synchronisieren von E-Mails), werden datenschutzrechtliche Aspekte deutlich in den Hintergrund treten. Etwaige gespeicherte Kontaktadressen oder Anruflisten sind analog § 667 BGB bei Beendigung des Arbeitsverhältnisses oder des mobilen Arbeitens herauszugeben, d. h. zu löschen. Die Herausgabepflicht kann auch in einer Vereinbarung zum mobilen Arbeiten festgehalten werden.

2.5.4 Rückgabe

Der Arbeitgeber kann von ihm zur Verfügung gestellte Betriebsmittel als deren Eigentümer, soweit nichts Abweichendes vereinbart ist, jederzeit herausverlangen. Ein Besitzrecht des Arbeitnehmers steht der Herausgabe regelmäßig nicht entgegen, da der Arbeitnehmer aufgrund seiner Weisungsgebundenheit grundsätzlich nur Besitzdiener (§ 855 BGB) ist.[88] Der Arbeitgeber kann jederzeit die Herausgabe verlangen, nicht nur zum Zeitpunkt der Beendigung des Arbeitsverhältnisses.

---

[88] BAG vom 17.09.1998 – 8 AZR 175/97, DB 1998, 2610.

Hinweis

Abweichend hiervon ist zu beurteilen, ob der Arbeitnehmer seine geschuldete Arbeitsleistung noch ordnungsgemäß erbringen kann, wenn der Arbeitgeber die Herausgabe erforderlicher Betriebsmittel verlangt. Dies würde aber nicht die Zulässigkeit des Rückgabeverlangens selbst beeinflussen. Der Arbeitgeber kann lediglich in Annahmeverzug geraten, und schuldet nach § 615 BGB die Fortzahlung der Vergütung, wenn der Arbeitnehmer seine Arbeitsleistung deshalb nicht erbringen kann, weil ihm die erforderlichen Arbeitsmittel fehlen.

Die Herausgabe hat am Ort der Arbeitsleistung zu erfolgen, soweit keine andere Absprache getroffen wurde. Je nach Ausgestaltung einer Homeoffice-Vereinbarung kann aber (auch) der Wohnsitz des Arbeitnehmers Arbeitsort sein, sodass die Rückgabe auch dort bewirkt werden könnte. Die mit der Rückgabe verbundenen Kosten hat grundsätzlich der Arbeitgeber zu tragen, wenn keine abweichende Vereinbarung erfolgte.

Ein Zurückbehaltungsrecht nach § 273 BGB wegen anderer Ansprüche aus dem Arbeitsverhältnis besteht in der Regel nicht.[89]

---

[89] Erfurter Kommentar zum Arbeitsrecht, 18. Auflage 2018, Rn. 754 zu § 611a BGB.

Hinweis

In einer Vereinbarung zum mobilen Arbeiten/Homeoffice sollte eine Verpflichtung des Arbeitnehmers zur (jederzeitigen) Rückgabe von Betriebsmitteln vereinbart werden, die den Erfüllungsort der Rückgabe bestimmt (regelmäßig der Betriebssitz des Arbeitgebers) und klarstellt, welche Partei die Kosten der Rückgabe trägt. Deklaratorisch sollte ein Zurückbehaltungsrecht ausgeschlossen werden. Eine solche Rückgabeklausel würde auch klarstellen, dass der Arbeitnehmer nur Besitzdiener ist und damit kein Besitzrecht hat.

Kommt der Arbeitnehmer dem Rückgabeverlangen des Arbeitgebers nicht nach, liegt ein Pflichtenverstoß vor, der zur Abmahnung und im Wiederholungsfalle (bei fortgesetzter Weigerung) zur ordentlichen oder sogar außerordentlichen Kündigung berechtigen kann. Zudem kann der Arbeitgeber Klage auf Herausgabe der Arbeitsmittel erheben. Bestehen Zweifel über das Ausmaß der im Besitz des Arbeitnehmers befindlichen Arbeitsmittel (oder auch Geschäftsunterlagen) hat der Arbeitgeber einen einklagbaren Anspruch auf Auskunftserteilung und auf Abgabe einer die Richtigkeit der Auskunft betreffenden eidesstattlichen Versicherung.[90] Der Arbeitgeber kann einen Anspruch auf Nutzungsentschädigung und Schadensersatz haben, wenn der Arbeitnehmer seiner Rückgabeverpflichtung schuldhaft nicht nachkommt.

Ein Arbeitsmittel, das dem Arbeitnehmer zur ausschließlich dienstlichen Nutzung überlassen wurde, kann jederzeit herausverlangt werden. Wurde dem Arbeitnehmer das betriebliche

---

[90] Erfurter Kommentar zum Arbeitsrecht, 18. Auflage 2018, Rn. 756 zu § 11a BGB.

Arbeitsmittel allerdings auch zur privaten Nutzung überlassen und hat die Möglichkeit der Privatnutzung Entgeltcharakter[91], kann die Rückgabeverpflichtung (vorübergehend) ausgeschlossen sein.[92, 93]

2.5.5 Haftung bei Beschädigungen

Egal ob bei einer Tätigkeit im Betrieb des Arbeitgebers, bei mobiler Arbeit oder im Homeoffice besteht das Risiko des Verlusts von Arbeitsmitteln oder, dass solche durch den Arbeitnehmer beschädigt werden. Bei mobilem Arbeiten oder im Homeoffice ist dieses Risiko eventuell sogar erhöht, da auch Dritte (z. B. Familienangehörige, Mitbewohner oder Besucher) mit Arbeitsmitteln in Kontakt kommen und Schäden verursachen können[94] oder der Arbeitgeber weniger Einfluss auf Sicherheitsmaßnahmen hat.

Soweit möglich und zumutbar ist der Arbeitnehmer nach § 241 Abs. 2 BGB verpflichtet, vom Arbeitgeber Schäden abzuwenden. Aus dieser Verpflichtung folgt regelmäßig auch die Pflicht des Arbeitnehmers, Arbeitsmittel des Arbeitgebers vor Schäden zu schützen sowie den Arbeitgeber auf drohende Beschädigungen unverzüglich hinzuweisen.

---

[91] Steuerlich: geldwerter Vorteil.

[92] So schränkt die ständige Rechtsprechung des BAG z. B. das Recht des Arbeitgebers ein, jederzeit die Rückgabe eines Dienstwagens verlangen zu können, wenn dieser mit dem Recht zur Privatnutzung überlassen wurde; da der Dienstwagen mit Privatnutzungsmöglichkeit einen Entgeltbestandteil darstellt, kann diese als Teil der Hauptleistung nicht ohne Weiteres entzogen werden.

[93] An dieser Einschätzung dürfte die einkommensteuerrechtliche Vorgabe, wonach die Privatnutzungsmöglichkeit von betrieblichen Datenverarbeitungs- und Telekommunikationsgeräten als geldwerter Vorteil nach § 3 Nr. 45 EStG steuerbefreit ist, nichts ändern.

[94] Müller, Homeoffice in der arbeitsrechtlichen Praxis, 2. Auflage 2020, Rn. 171.

Werden Arbeitsmittel des Arbeitgebers beschädigt, stellt sich die **Haftungsfrage**. Nach allgemeinen zivilrechtlichen Grundsätzen steht dem Arbeitgeber als Geschädigtem ein vertraglicher oder deliktischer Schadensersatzanspruch zu. Der Schädiger hat regelmäßig den Zustand herzustellen, der ohne die schädigende Handlung bestehen würde, also bei Beschädigung von Betriebsmitteln diese zu ersetzen.

Die Rechtsprechung hatte früh erkannt, dass das Prinzip der „Totalreparation" in §§ 249 ff. BGB, wonach der Schadensverursacher selbst bei leichtester Fahrlässigkeit auf den vollen Schaden haftet, im Arbeitsverhältnis auf Grenzen stößt, da dem Arbeitnehmer häufig Arbeitsmaterial von großem Wert überlassen wird, dessen Beschädigung zu hohen Schadensersatzforderungen führen kann, die zumindest mit gewöhnlichem Arbeitslohn nicht beglichen werden können. Hieraus hatte das Bundesarbeitsgericht (BAG) zunächst eine Haftungsbeschränkung bei gefahr- oder schadensgeneigter Arbeit entwickelt. Das Erfordernis der „gefahrgeneigten" Arbeit für eine Haftungsprivilegierung hat das BAG jedoch fallen gelassen.

Nach gefestigter Rechtsprechung des Bundesarbeitsgerichts kommt die Haftungserleichterung nach dem „**Grundsatz der privilegierten Arbeitnehmerhaftung**"[95] dem Arbeitnehmer in jedem Fall zugute, wenn ein Schaden bei betrieblicher Tätigkeit verursacht wurde. Begründet wird die Haftungserleichterung durch eine analoge (bzw. erweiterte) Anwendung des § 254 BGB, nach dem ein Mitverschulden des Geschädigten haftungsbeschränkend zu berücksichtigen ist. Im Arbeitsverhältnis soll aber die Haftungsbeschränkung unabhängig von einem Mitverschulden des Arbeitgebers, allein aufgrund der Tatsache der

---

[95] Wegen der „Aufteilung" des Schadens nach Verschuldensgrad auch als „innerbetrieblicher Schadensausgleich" bezeichnet.

betrieblichen Tätigkeit erfolgen. Insoweit muss sich der Arbeitgeber die Betriebsgefahr seines Unternehmens zurechnen lassen.[96]

Kommen die Grundsätze der privilegierten Arbeitnehmerhaftung zum Tragen, wird ein Schaden unter Berücksichtigung des Verschuldensgrades zwischen Arbeitgeber und Arbeitnehmer verteilt. Grundsätzlich hat der Arbeitnehmer den Schaden bei Vorsatz und grober Fahrlässigkeit allein zu tragen. Bei leichtester Fahrlässigkeit (bei einfachem „Sich-Vertun"), entfällt die Haftung des Arbeitnehmers vollständig.

Bei mittlerer Fahrlässigkeit ist der Schaden unter Berücksichtigung aller Umstände des Einzelfalls nach Billigkeits- und Zumutbarkeitskriterien zwischen Arbeitgeber und Arbeitnehmer zu verteilen. Mittlere Fahrlässigkeit ist anzunehmen, wenn der Arbeitnehmer die im Verkehr erforderliche Sorgfalt außer Acht gelassen hat und der rechtlich missbilligte Erfolg bei Anwendung der gebotenen Sorgfalt voraussehbar und vermeidbar gewesen wäre (§ 276 Abs. 2 BGB). Bei der Schadensverteilung ist auch zu berücksichtigen, ob die Arbeit des Arbeitnehmers „gefahrgeneigt" ist, Schäden also typischerweise eintreten können und ob der Arbeitgeber typische Schäden auf Grundlage seiner Fürsorgepflicht hätte versichern können.[97]

---

[96] Erfurter Kommentar zum Arbeitsrecht, 18. Auflage 2018, Rn. 9 f. zu § 619a BGB.

[97] Der Arbeitgeber ist nicht verpflichtet, z.B. bei Überlassung eines Firmenfahrzeugs eine Vollkaskoversicherung abzuschließen. Unterlässt er dies, kann aber bei der Abwägung dem Arbeitgeber zur Last fallen, dass sich das verwirklichte, typische Risiko in zumutbarer Weise durch den Abschluss einer Vollkaskoversicherung hätte vermeiden lassen können, sodass der Arbeitnehmer regelmäßig nur maximal in Höhe der (fiktiven) Selbstbeteiligung haftet, die beim Abschluss einer Vollkaskoversicherung zu vereinbaren gewesen wäre.

Beispiel: Verursacht der Arbeitnehmer mit seinem Firmenwagen einen Unfall, weil er wegen plötzlich und völlig unvorhersehbar einsetzendem Eisregen trotz angepasster Geschwindigkeit nicht mehr bremsen kann, dürfte leichteste Fahrlässigkeit vorliegen und der Arbeitnehmer haftet nicht für die Schäden am Firmenfahrzeug. Übersieht der Arbeitnehmer eine Rechts-vor-links-Regelung und verursacht hierdurch einen Unfall, wird in aller Regel mittlere Fahrlässigkeit vorliegen, sodass der entstandene Schaden vom Arbeitgeber und Arbeitnehmer anteilig getragen wird. Verschuldet der Arbeitnehmer dagegen einen Unfall, weil er möglichst schnell nach Hause kommen möchte und deshalb eine Ampelkreuzung nach „Dunkel-Gelb" noch überfährt, liegt grobe Fahrlässigkeit vor und der Arbeitnehmer trägt den vollen Schaden am Firmenwagen. In allen Fällen wird allerdings die Haftung des Arbeitnehmers auf das versicherbare Risiko, also die (anteilige) Selbstbeteiligung der Vollkaskoversicherung beschränkt sein (soweit die Vollkaskoversicherung auch im „Ampel-Fall" eintritt).

Hinweis

Die privilegierte Arbeitnehmerhaftung kommt von vornherein nur in Betracht, wenn der Schaden bei einer **betrieblichen Tätigkeit** eingetreten ist. Der Arbeitgeber soll nicht mit dem allgemeinen Lebensrisiko des Arbeitnehmers belastet werden. Ein lediglich räumlicher und zeitlicher Zusammenhang mit der Arbeit genügt nicht. Betrieblich veranlasst sind alle Tätigkeiten, die dem Arbeitnehmer arbeitsvertraglich übertragen wurden bzw. die er im Interesse des Arbeitgebers für den Betrieb ausführt.

Welche Tätigkeiten dem Arbeitnehmer übertragen werden, obliegt dem Weisungsrecht des Arbeitgebers, der in diesem Zusammenhang auch private Tätigkeiten im Zusammenhang mit der Erbringung der Arbeitsleistung und damit auch die Privatnutzung der zur Verfügung gestellten Betriebsmittel untersagen kann. Bei Verstoß gegen das Verbot kann auch ein dem betrieblichen Zweck dienender Teil der Arbeitsleistung nicht mehr von der privaten Veranlassung getrennt werden, sodass insgesamt eine privat veranlasste Tätigkeit anzunehmen ist, die dem allgemeinen Lebensrisiko des Arbeitnehmers zugerechnet wird.

Bei mobiler Arbeit – verstärkt sogar im Homeoffice – kann die Grenze zwischen betrieblicher Veranlassung und privater Verursachung eines Schadens oft nur schwer festgestellt werden.

Beispiel: Wird dem Arbeitnehmer das vom Arbeitgeber überlassene Laptop aus dem Kofferraum des Firmenwagens gestohlen, als er sich zu Besuch bei einem Kunden des Arbeitgebers befand, ist der entstandene Schaden betrieblich veranlasst. Sofern der Kofferraum nicht einsehbar war, ansonsten kein Hinweis auf Wertgegenstände im Kofferraum ersichtlich war und der Arbeitgeber das Belassen des Laptops im Fahrzeug nicht ausdrücklich untersagt hat, wird vermutlich nur leichteste Fahrlässigkeit vorliegen, sodass die Haftung des Arbeitnehmers für das entwendete Laptop ausscheidet (wäre mittlere Fahrlässigkeit anzunehmen, würde der Arbeitnehmer anteilig haften).

Nimmt der Arbeitnehmer das Laptop dagegen am Wochenende mit an den Baggersee, weil er dort eine Serie streamen möchte und wird das Laptop entwendet, als er sich mit seiner Frau gerade beim Schwimmen im See befindet, verwirklicht sich das private Lebensrisiko und der Arbeitnehmer würde selbst bei leichtester Fahrlässigkeit für den entstandenen Schaden in voller Höhe haften. Dies dürfte nach den obigen Grundsätzen selbst dann gelten, wenn der

Arbeitnehmer am See noch schnell eine E-Mail beantworten möchte. Anders kann die Sachlage allerdings zu beurteilen sein, wenn der Arbeitgeber ausdrücklich die Privatnutzung des Laptops gestattet hätte.

Haftung Dritter

Bei mobilem Arbeiten oder im Homeoffice tritt ein weiteres Haftungsrisiko hinzu, da regelmäßig nicht nur der Arbeitnehmer selbst, sondern auch andere Personen, d. h. Mitbewohner, Familienangehörige oder Besucher in unmittelbaren Kontakt mit den Arbeitsmitteln kommen und Schäden verursachen können.

Ist ein **Dritter allein für den Schaden verantwortlich**, werden unterschiedliche Ansichten zum Haftungsumfang vertreten: Nach einer Ansicht sollen nach dem Prinzip des Vertrags mit Schutzwirkung zugunsten Dritter[98], Mitbewohner und Familienangehörige des Arbeitnehmers, nicht dagegen Besucher und Gäste in den Genuss der privilegierten Arbeitnehmerhaftung kommen. Nach anderer Ansicht sollen die Grundsätze der Haftungsprivilegierung auf Dritte nicht anzuwenden sein. Letztlich wird auch vertreten, dass alle Personen die berechtigterweise Zugang zur Wohnung des Arbeitnehmers haben, der Haftungsprivilegierung unterliegen.[99]

---

[98] In einem schuldrechtlichen Vertrag kann vereinbart werden, dass der Schuldner die Leistung nicht an den Gläubiger, sondern an einen Dritten erbringen soll, §§ 328 ff. BGB (sog. Vertrag zugunsten Dritter). Eine besondere Form des Vertrags zugunsten Dritter ist der Vertrag mit Schutzwirkung für Dritte. In einer Reihe von Fällen werden dritte Personen in den Schutzbereich eines abgeschlossenen Vertrags einbezogen, um ihnen den gleichen Schutz wie dem Vertragspartner zu geben, wenn sie den Gefahren des Vertrags so intensiv ausgesetzt sein können, wie der Gläubiger selbst. Der Gläubiger muss ein besonderes Interesse am Schutz des Dritten haben (nach Creifelds kompakt, Rechtswörterbuch, 4. Edition 2021).

[99] Müller, Homeoffice in der arbeitsrechtlichen Praxis, 2. Auflage 2020, Rn. 338.

Wird ein Schaden durch einen Dritten gemeinsam mit dem Arbeitnehmer verursacht, greift die privilegierte Arbeitnehmerhaftung nicht nur für den Schadensbeitrag des Arbeitnehmers, sondern auch zugunsten des Dritten. Ansonsten könnte der Arbeitgeber den Dritten als Gesamtschuldner in voller Schadenshöhe in Anspruch nehmen und der Arbeitnehmer wäre wegen des gesamtschuldnerischen Haftungsausgleichs nach §§ 426 oder 840 BGB zum Ausgleich des hälftigen Schadens (bzw. eines dem Verursachungsbeitrag entsprechenden Anteils) verpflichtet, obwohl ihm im Verhältnis zum Arbeitgeber direkt die Haftungsprivilegierung zugutekäme.[100]

2.6 Betriebsrisiko

Treten betriebliche Störungen auf, infolge derer der Arbeitnehmer seine Arbeitsleistung nicht erbringen kann (z. B. ein Stromausfall im Betrieb), liegt wegen des Fixschuldcharakters der Arbeitsleistung Unmöglichkeit vor, d. h. die Hauptleistungspflichten der Arbeitsvertragsparteien würden entfallen, wenn keine Partei die Störung zu vertreten hat. Hiervon enthält § 615 BGB eine Ausnahme. Danach kann der Verpflichtete für die infolge des Verzugs nicht geleisteten Dienste die vereinbarte Vergütung verlangen, ohne zur Nachleistung verpflichtet zu sein, wenn der Dienstberechtigte mit der Annahme der Dienste in Verzug kommt. Dies gilt entsprechend in Fällen, in denen der Arbeitgeber das Risiko des Arbeitsausfalls trägt.

Das Risiko des Arbeitsausfalls aufgrund betrieblicher Störungen trägt nach § 615 BGB also der Arbeitgeber. Dem liegt der Gedanke zugrunde, dass der Arbeitgeber den Betrieb organisiert und leitet und die Erträge aus der Betriebsführung bezieht. Außerdem ist der Arbeitgeber verpflichtet, einen funktionsfähigen

---

[100] Müller, Homeoffice in der arbeitsrechtlichen Praxis, 2. Auflage 2020, Rn. 335.

Arbeitsplatz zur Verfügung zu stellen, damit der Arbeitnehmer seiner Leistungspflicht gerecht werden kann.

Dieses Betriebsrisiko trägt der Arbeitgeber grundsätzlich auch bei mobiler Arbeit oder einer Arbeit im Homeoffice. Durch eine Auslagerung von Arbeitsplätzen in den häuslichen Bereich soll der Arbeitgeber das Betriebsrisiko nicht auf den Arbeitnehmer abwälzen können.[101]

Den Arbeitnehmer trifft allerdings eine Mitwirkungspflicht dahingehend, den Arbeitgeber unverzüglich über eine Betriebsstörung zu informieren, etwa wenn die Internetleitung am Ort der mobilen Arbeitsleistung gestört ist und der Arbeitnehmer mangels Onlinezugriff auf Daten beim Arbeitgeber seine Arbeitsleistung nicht erbringen kann. Sofern das Weisungsrecht des Arbeitgebers nicht insoweit eingeschränkt ist, kann er den Arbeitnehmer nach Maßgabe des § 106 GewO anweisen, seine Tätigkeit an der Betriebsstätte zu erbringen. Kommt der Arbeitnehmer der (zulässigen) Anweisung des Arbeitgebers nicht nach, liegt ein böswillig unterlassener Erwerb vor, den sich der Arbeitnehmer nach § 615 S. 2 BGB auf seinen Vergütungsanspruch anrechnen lassen muss. Im Ergebnis hätte der Arbeitnehmer für die Zeit, in der er der Anweisung des Arbeitgebers nicht nachkommt, keinen Vergütungsanspruch.

§ 615 S. 2 BGB setzt voraus, dass keine der Parteien, zumindest jedenfalls nicht der Arbeitnehmer, den Arbeitsausfall zu vertreten hat. Trägt der Arbeitnehmer dagegen die Verantwortung für den Arbeitsausfall, hat er diesen also durch schuldhaftes Verhalten selbst verursacht, entfällt der Anspruch auf Vergütungsfortzahlung aus dem Gesichtspunkt des Annahmeverzugs.

---

[101] Müller, Homeoffice in der arbeitsrechtlichen Praxis, 2. Auflage 2020, Rn. 245.

Beispiel: Im Beispiel zuvor (Entwendung des Laptops am Baggersee) hätte der Arbeitnehmer am Montag ab 7:00 Uhr im Rahmen der mobilen Arbeit seine Arbeitsleistung erbringen müssen. Sofort nach Dienstbeginn informiert er den Arbeitgeber über den Diebstahl des Laptops. Der Aufforderung, seine Arbeitsleistung am Betriebssitz des Arbeitgebers aufzunehmen, kann der Arbeitnehmer nicht nachkommen, weil sein Auto zu einer größeren Reparatur mehrere Tage in der Werkstatt ist und er keine andere Möglichkeit hat, die Betriebsstätte des Arbeitgebers aufzusuchen. Nachdem der Arbeitgeber unverzüglich Ersatz für das verlorene Notebook beschafft und mit der erforderlichen Software ausgestattet hat, nimmt der Arbeitnehmer seine Arbeitsleistung im Homeoffice am Mittwochmorgen wieder auf.

Zumindest wenn die Privatnutzung des Laptops untersagt war, wird der Arbeitnehmer nicht nur die Kosten für die Wiederbeschaffung des Notebooks tragen müssen, sondern verliert auch noch den Vergütungsanspruch für die beiden Arbeitstage, an denen er mangels Notebook seine Arbeitsleistung nicht erbringen konnte. Der Arbeitgeber befindet sich hier nicht im Annahmeverzug, da der Arbeitnehmer den Ausfall seiner Arbeitsleistung zu vertreten hatte.

2.7 Unfälle bei mobiler Arbeit, Gesetzliche Unfallversicherung

Bei der Tätigkeit im Homeoffice, und erst recht bei mobiler Arbeit außerhalb der Wohnung, stellt sich die Frage des Schutzes in der gesetzlichen Unfallversicherung und der Haftung des Arbeitgebers, wenn ein Arbeitsunfall eintritt.

2.7.1 Haftung des Arbeitgebers bei Unfällen

Die Haftung des Arbeitgebers wegen eines durch einen Arbeitsunfall herbeigeführten **Personenschadens** ist nach §§ 104 ff.

SGB VII eingeschränkt. Danach ist der Unternehmer den in seinem Unternehmen tätigen Arbeitnehmern (Versicherten), sowie deren Angehörigen und Hinterbliebenen, wegen eines durch einen Arbeitsunfall herbeigeführten Personenschadens nur dann schadensersatzpflichtig, wenn der Unternehmer den Arbeitsunfall vorsätzlich herbeigeführt hat.

Vorsatz bedeutet, dass der Unternehmer als Schädiger den Unfall bewusst und gewollt herbeigeführt hat oder, wenn er den Unfall zumindest für möglich gehalten, billigend in Kauf genommen hat. Der Vorsatz muss sich auf den Unfall selbst erstrecken und nicht nur auf die Verletzungshandlung beziehen. Daher entfällt die Haftungsbegrenzung nach §§ 104 ff. SGB VII nicht allein deshalb, weil gegen Unfallverhütungsvorschriften bewusst verstoßen wurde und der Arbeitsunfall auf diesen Verstoß zurückzuführen ist.[102,103] Die Haftungsbeschränkung nach §§ 104 ff. SGB VII entfällt auch dann, wenn der Unfall durch den Unternehmer auf einem nach § 8 Abs. 2 Nr. 1 bis 4 SGB VII versicherten Weg verursacht wurde.

Nicht eingeschränkt ist die Haftung wegen **Sachschäden**, die der Arbeitnehmer bei einem Arbeitsunfall erleidet (z. B. Beschädigung der Kleidung oder des Mobiltelefons).

2.7.2 Gesetzliche Unfallversicherung

Korrespondierend mit dem überwiegenden Haftungsausschluss des Unternehmers für Arbeitsunfälle unterliegen Arbeitnehmer bei ihrer Tätigkeit und auf bestimmten Wegen dem gesetzlichen Unfallversicherungsschutz, der durch die Berufsgenossenschaften gewährleistet wird.

---

[102] BAG vom 10.10.2002 – 8 AZR 103/02, DB 2003, 724.

[103] Hier kann aber möglicherweise ein Regressanspruch der gesetzlichen Unfallversicherung wegen grober Fahrlässigkeit nach § 110 Abs. 1 SGB VII bestehen, →*Kapitel 2.7.5.*

Grundsätzlich fallen auch Arbeitnehmer im Homeoffice nach § 2 Abs. 1 Nr. 1 SGB VII unter den gesetzlichen Unfallversicherungsschutz. Allerdings ist nicht immer leicht zu beurteilen, wann tatsächlich ein Arbeitsunfall vorliegt.

Ein Arbeitsunfall setzt voraus, dass der Verletzte durch eine Verrichtung vor dem fraglichen Unfallereignis den gesetzlichen Tatbestand einer versicherten Tätigkeit erfüllt hat und deshalb „Versicherter" ist. Diese Verrichtung muss sodann ein zeitlich begrenztes, von außen auf den Körper einwirkendes Ereignis und dadurch einen Gesundheitserstschaden oder den Tod des Versicherten objektiv und rechtlich wesentlich verursacht haben (Unfallkausalität und haftungsbegründende Kausalität).[104]

Bei Arbeitsunfällen im Homeoffice oder bei mobiler Arbeit stellt sich nach Ansicht des Bundessozialgerichts (BSG) zunächst immer die Frage, ob der **Tatbestand einer versicherten Tätigkeit** erfüllt oder der **Schutzbereich der Wegeunfallversicherung** nach § 8 Abs. 2 SGB VII eröffnet ist.

Für den Versicherungsschutz muss das Unfallereignis während einer Tätigkeit eintreten, die der Arbeitnehmer zur Erfüllung seiner arbeitsvertraglichen Leistungspflicht vornimmt, wobei eine „objektivierte Handlungstendenz" des Versicherten vorliegen muss, er also eine dem Beschäftigungsunternehmen dienende Tätigkeit ausüben wollte und diese Handlungstendenz durch die objektiven Umstände des Einzelfalls bestätigt wird.[105] Es kommt objektiv auf die Eingliederung des Handelns der Verletzten in das Unternehmen eines anderen und subjektiv auf die zumindest auch darauf gerichtete Willensausrichtung an, dass die eigene Tätigkeit unmittelbare Vorteile für das Unternehmen des anderen bringen soll.[106]

---

[104] BSG vom 18.06.2013 – B 2 U 7/12 R.
[105] BSG vom 18.06.2013 – B 2 U 7/12 R.
[106] BSG vom 05.07.2016 – B 2 U 5/15 R, NZS 2016, 948, BSGE 122, 1.

2.7.3 Unfälle im Homeoffice

Bei der Tätigkeit im Homeoffice ist nach diesen Grundsätzen jedenfalls die (meist mit überschaubaren Risiken für Leib und Leben verbundene) Arbeit am Schreibtisch vom Versicherungsschutz in der gesetzlichen Unfallversicherung gedeckt. Zu denken wäre hier z. B. an eine Verstauchung der Hand beim Griff zu einem Buch, Schnittverletzungen durch eine Schere oder Papier, „Zusammentackern" der eigenen Finger oder eine Verletzung beim Umkippen des Stuhls.

Viel häufiger sind aber Unfälle, die sich jenseits des Schreibtischs im häuslichen Umfeld ereignen. Hier ist entscheidend, ob der Unfall bei einer den betrieblichen Interessen dienenden Arbeit eingetreten ist oder eine den privaten Interessen dienende Verrichtung im Vordergrund stand.

Beispiel: So hat das Bundessozialgericht einen Arbeitsunfall abgelehnt, als eine im Homeoffice beschäftigte Arbeitnehmerin auf dem Weg von ihrem Arbeitsplatz im Dachgeschoss ihrer Wohnung zu ihrer Küche auf der Treppe ausrutschte und sich verletzte. Die Arbeitnehmerin wollte sich (sogar auch aufgrund gesundheitlicher Einschränkungen erforderlicher Flüssigkeitsaufnahme) ein Glas Wasser holen. Das Bundessozialgericht war der Ansicht, die Arbeitnehmerin habe zum Unfallzeitpunkt keine versicherte Tätigkeit ausgeübt und sich auch nicht auf einem versicherten Betriebsweg befunden. Bei dem Weg vom Arbeitsplatz zur Küche handle es sich um den persönlichen Lebensbereich. Sie hätte den Weg nicht zurückgelegt, um ihre versicherte Beschäftigung auszuüben, sondern um Wasser zu trinken, wodurch sie einer typischen eigenwirtschaftlichen und nicht versicherten Tätigkeit nachgegangen wäre.

Das Bundessozialgericht begründet seine Entscheidung damit, dass Beschäftigte bei einer Tätigkeit im Homeoffice – anders als Beschäftigte in Betriebsstätten des Arbeitgebers – keinen betrieblichen Vorgaben oder Zwängen unterliegen. Zwar führe die Arbeit im Homeoffice zu einer Verlagerung der dem Unternehmen dienenden Verrichtungen in den häuslichen Bereich. Dies nehme aber der Wohnung nicht den Charakter der privaten, nicht versicherten Lebenssphäre. Die der privaten Wohnung innewohnenden Risiken habe nicht der Arbeitgeber, sondern der Versicherte selbst zu verantworten. Die Träger der gesetzlichen Unfallversicherung könnten außerhalb der Betriebsstätten der Arbeitgeber (ihrer Mitglieder) auch keine präventiven, gefahrreduzierende Maßnahmen ergreifen, sodass es sachgerecht wäre, das vom persönlichen Lebensbereich ausgehende Unfallrisiko dem Versicherten selbst und nicht der gesetzlichen Unfallversicherung zuzurechnen.[107]

Die Beschaffung des Glases Wasser war also keine versicherte Tätigkeit im Rahmen der gesetzlichen Unfallversicherung. Vielleicht gilt aber etwas Anderes für die Entsorgung desselben?

Wer im Betrieb des Arbeitgebers die Toilette besucht, ist im Rahmen der gesetzlichen Unfallversicherung versichert. Im Homeoffice sah das Sozialgericht München dies anders. Ein Arbeitnehmer im Homeoffice war auf dem Rückweg von der Toilette in sein Büro im Keller seines Hauses gestürzt. Das Gericht sah auch hier den persönlichen Lebensbereich und das hiervon ausgehende Unfallrisiko betroffen, auf das die gesetzliche Unfallversicherung keinen Einfluss habe. Damit sei ein Arbeitsunfall oder Wegeunfall ausgeschlossen.[108]

---

[107] BSG vom 05.07.2016 – B 2 U 5/15 R, NZS 2016, 948, BSGE 122, 1.
[108] SG München vom 04.07.2019 – S 40 U 227/18.

In einem weiteren Fall argumentiert das Bundessozialgericht ähnlich und hatte das Vorliegen eines Arbeitsunfalls abgelehnt, als ein Beschäftigter (angestellter Geschäftsführer) sich von seinem Homeoffice aus in ein Restaurant begeben hatte um etwas zu essen, dort aber noch weiterarbeitete und auf dem Rückweg vom Restaurant in seine Wohnung (wo er im Homeoffice ebenfalls weiterarbeiten wollte) überfallen wurde.[109]

Hinweis

In den genannten Fällen lehnte das Bundessozialgericht auch das Vorliegen eines Wegeunfalls ab. Ein versicherter Wegeunfall im Sinne von § 8 Abs. 2 SGB VII kommt bei einer Tätigkeit im Homeoffice allerdings dann in Betracht, wenn neben der Tätigkeit im Homeoffice auch die Betriebsstätte des Arbeitgebers aufgesucht wird. Der Weg von der Wohnung des Arbeitnehmers zum Betrieb und wieder zurück stellt einen nach § 8 Abs. 2 Nr. 1 SGB VII versicherten Weg dar. Der Versicherungsschutz endet allerdings grundsätzlich an der Haustür des Arbeitnehmers.

2.7.4 Unfälle während mobiler Arbeit

Bei mobiler Arbeit besteht ebenfalls Versicherungsschutz in der gesetzlichen Unfallversicherung, soweit ein Arbeitsunfall vorliegt, also die Tätigkeit im Zeitpunkt des Unfalls nach den oben beschriebenen Kriterien bei einer Tätigkeit eintritt, die der Arbeitnehmer zur Erfüllung seiner arbeitsvertraglichen Leistungspflicht vornimmt, wobei eine „objektivierte Handlungstendenz" des Versicherten vorliegen muss.

---

[109] BSG vom 18.06.2013 – B 2 U 7/12 R.

Ob hierbei der Versicherungsschutz tatsächlich an jedem Ort eintreten kann, an dem der Arbeitnehmer nach eigener Einschätzung seine Arbeitsleistung erbringen möchte, ist bisher nicht geklärt. Es muss abgewartet werden, wie die Rechtsprechung diese Art der Arbeit beurteilen wird.

Anhand der bisherigen Kriterien, nach denen Arbeitsunfälle im Homeoffice durch die Rechtsprechung abgegrenzt wurden, kann auch die **Wahl des Arbeitsorts** eine gewichtige Rolle spielen, sodass ein mobiles Arbeiten an Arbeitsorten, die typischerweise der privaten Freizeitgestaltung dienen, wie z. B. in einem Erlebnisbad, möglicherweise vom gesetzlichen Unfallversicherungsschutz ausgenommen sein könnten. Es bleibt noch abzuwarten, wie das Bundessozialgericht in solchen Fällen die Abgrenzung zu seiner Entscheidung vom 18.06.2013 vornimmt, als der Beschäftigte nach dem Restaurantbesuch am Heimweg überfallen wurde. Hier musste das Bundessozialgericht nicht entscheiden, ob der Versicherungsschutz bestanden hätte, wenn sich der Beschäftigte im Restaurant verletzt hätte, als er dort arbeitete, weil er z. B. vom Stuhl gefallen wäre.

2.7.5 Regressanspruch der Sozialversicherungsträger

Die unmittelbare Haftung des Arbeitgebers gegenüber dem Arbeitnehmer für Arbeitsunfälle ist nach §§ 104 ff. SGB VII ausgeschlossen.[110] Allerdings kann der Sozialversicherungsträger den Arbeitgeber nach § 110 Abs. 1 SGB VII für die Leistungen an den Arbeitnehmer in Regress nehmen, wenn dieser den Versicherungsfall **vorsätzlich oder grob fahrlässig** herbeigeführt hat. Grobe Fahrlässigkeit liegt vor, wenn die erforderliche Sorgfalt in ganz besonders schwerem Maße verletzt und selbst das nicht beachtet wurde, was im gegebenen Fall jedem einleuchten musste.[111]

---

[110] →*Kapitel 2.7.1.*

[111] BGH, Urteil vom 30.01.2001 – VI ZR 49/00, MDR 2001, 569.

Hier sind insbesondere **Verstöße gegen Unfallverhütungs-vorschriften** von Bedeutung. Allerdings ist nicht jeder Verstoß schon für sich als eine schwere Verletzung der Sorgfaltspflicht anzusehen. Vielmehr kommt es darauf an, ob es sich um eine Unfallverhütungsvorschrift handelt, die sich mit Vorrichtungen zum Schutz der Arbeitnehmer vor tödlichen Gefahren befasst und somit elementare Sicherungspflichten zum Inhalt hat. Dabei spielt es insbesondere eine Rolle, ob der Schädiger nur unzureichende Sicherungsmaßnahmen getroffen oder von den vorgeschriebenen Schutzvorkehrungen völlig abgesehen hat, obwohl die Sicherungsanweisungen eindeutig waren. Im letzteren Fall kann der objektive Verstoß gegen elementare Sicherungspflichten ein solches Gewicht haben, dass der Schluss auf ein auch subjektiv gesteigertes Verschulden gerechtfertigt ist.[112]

Liegen solche konkreten Unfallverhütungsvorschriften zum Schutz vor tödlichen Gefahren, die regelmäßig von den betroffenen Berufsgenossenschaften aufgestellt werden, nicht vor, wie dies bei der Arbeit im Homeoffice bzw. mobiler Arbeit stets gegeben sein dürfte, kommt dem allgemeinen Arbeitsschutz besondere Bedeutung zu. Verstößt der Arbeitgeber gegen seine Verpflichtungen zum Arbeitsschutz, führt er etwa keine Gefährdungsbeurteilung durch oder ergreift er aufgrund einer erfolgten Gefährdungsbeurteilung nicht die erforderlichen Maßnahmen, obwohl ihm beides möglich gewesen wäre, kann eine Verletzung des Arbeitnehmers auf einem Verschulden des Arbeitgebers beruhen. Ob allerdings in diesen Fallkonstellationen ein Regress aufgrund grober Fahrlässigkeit möglich ist, dürfte eher unwahrscheinlich sein, da die Rechtsprechung für die Begründung grober Fahrlässigkeit im Zusammenhang mit § 110 Abs. 1 SGB VII eine Verletzung der Sorgfalt in ungewöhnlich hohem Maße und zudem einen subjektiv nicht entschuldbaren Verstoß voraussetzt.

---

[112] BGH, Urteil vom 30.01.2001 – VI ZR 49/00, MDR 2001, 569.

Hinweis

Viele Arbeitgeber sehen insbesondere aufgrund der **schwierigen und diffusen Regelungen zum Arbeitsschutz** und dem aus ihrer Sicht damit verbundenen enormen Haftungsrisiko die Tätigkeit im Homeoffice oder bei mobiler Arbeit kritisch und lehnen diese „aus Sicherheitsgründen" lieber ab. Natürlich sollte der Arbeitgeber seinen Verpflichtungen zum Arbeitsschutz nachkommen. Aber selbst wenn der Arbeitgeber hier nicht tätig wird, sind die Haftungsrisiken für ihn überschaubar.[113]

Die meisten Unfälle, die im Homeoffice oder bei mobiler Arbeit und bei den, für diese Art der Arbeitsleistung typischen Tätigkeiten (wie etwa PC-Arbeit) eintreten, werden entweder normale Haushaltsunfälle sein, für die der Arbeitnehmer die Verantwortung trägt, oder einen Arbeitsunfall begründen, der von der Berufsgenossenschaft unabhängig davon getragen wird, ob der Arbeitgeber seinen Arbeitsschutzverpflichtungen nachgekommen ist. Tritt die gesetzliche Unfallversicherung ein, dürfte ein Regressanspruch aufgrund der hohen Anforderungen der Rechtsprechung an ein grob fahrlässiges Verhalten so gut wie ausgeschlossen sein. Sollte die Arbeit im Homeoffice oder bei mobiler Arbeit doch einmal das Risiko tödlicher Gefahren für den Arbeitnehmer bergen, wird dies dem Arbeitgeber im Vorfeld bekannt sein und sich ihm aufdrängen. Er wird auch bei mobiler Arbeit oder im Homeoffice – schon aufgrund gesunden Menschenverstandes – Vorkehrungen treffen, die er auch im Betrieb befolgt (oder wahrscheinlicher sogar, die mobile Arbeit gleich ablehnen).

---

[113] Gleiches gilt für Bußgeldrisiken, →*Kapitel 2.3.7.*

2.8 Schutz von Geschäftsgeheimnissen und Datenschutz

2.8.1 Geschäftsgeheimnisse

Die Beschäftigung von Mitarbeitern in mobiler Arbeit oder im Homeoffice birgt ein erhöhtes Risiko des unberechtigten Zugriffs auf vertrauliche Unternehmensinformationen durch Dritte.

Das im April 2019 in Kraft getretene Geschäftsgeheimnisschutzgesetz (GeschGehG)[114] beinhaltet eine Definition des Geschäftsgeheimnisses. Geschäftsgeheimnis ist danach eine Information

- die weder insgesamt noch in der genauen Anordnung und Zusammensetzung ihrer Bestandteile den Personen in den Kreisen, die üblicherweise mit dieser Art von Informationen umgehen, allgemein bekannt oder ohne Weiteres zugänglich ist und daher von wirtschaftlichem Wert ist und

- die Gegenstand von **den Umständen nach angemessenen Geheimhaltungsmaßnahmen** durch ihren rechtmäßigen Inhaber ist und

- bei der ein berechtigtes Interesse an der Geheimhaltung besteht.

Das Vorliegen eines Geschäftsgeheimnisses setzt deshalb voraus, dass durch den berechtigten Inhaber angemessene Geheimhaltungsmaßnahmen erfolgen. Das wohl wichtigste Mittel eines wirksamen Geheimnisschutzes bei der Arbeit im Homeoffice oder bei mobiler Arbeit, ist eine vertragliche Absicherung, die bereits im Arbeitsvertrag enthalten sein kann oder gesondert in der Vereinbarung zur mobilen Arbeit getroffen wird. Die früher in Arbeitsverträgen übliche Formulierung, der Arbeit-

---

[114] Geschäftsgeheimnisschutzgesetz (GeschGehG) vom 18.04.2019, BGBl 2019 I, 466.

nehmer sei verpflichtet Geschäftsgeheimnisse zu wahren, wird hierfür kaum ausreichen. Vielmehr wird der Arbeitgeber für die mobile Arbeit und im Homeoffice konkrete Handlungsanweisungen vorgeben müssen, um den Schutz seiner Geschäftsgeheimnisse zu wahren.

Solche Vorgaben können z. B. beinhalten,

- dass vertrauliche Dokumente als solche auch klar zu kennzeichnen sind, damit auch bei einer zufälligen Kenntnisnahme sofort deutlich wird, dass es sich um vertrauliche Dokumente handelt,

- Hinweise, dass Dokumente nicht oder nur in einem bestimmten Umfang vom betrieblichen Arbeitsplatz entfernt werden dürfen,

- Vorgaben, welche Dokumente am mobilen Arbeitsplatz ausgedruckt werden dürfen,

- wie Dokumente zu verwahren sind und bei beendetem Bedarf gegebenenfalls vernichtet werden müssen (und eben nicht in der privaten Papiertonne landen),

- den konkreten Zugriff auf betriebliche Daten (z. B. über eine verschlüsselte VPN-Verbindung),

- Zugangsbeschränkungen und Vorgaben zu Passwörtern, etc.

Bei vertraglichen Vorgaben sollten auch mittlerweile im privaten Umfeld weit verbreitete Geräte zur Sprachsteuerung, wie etwa Alexa, Google Home oder Siri berücksichtigt werden, die bei nicht datenschutzkonformen Grundeinstellungen vertrauliche Kommunikation aufzeichnen und sogar weiterleiten könnten. Die Nutzung solcher Sprachsteuerungssysteme sollte im Umkreis mobilen Arbeitens oder des Arbeitsplatzes im Homeoffice untersagt werden.

Zusätzlich wird der Arbeitgeber organisatorische und informationstechnische Maßnahmen ergreifen müssen, die dem Schutz seiner Geschäftsgeheimnisse dienen. Insoweit sollte der Arbeitnehmer bei einer Arbeit im Homeoffice bzw. bei mobiler Arbeit nur diejenigen Informationen verfügbar haben, die er für die Verrichtung seiner Arbeit benötigt („Need-to-know"-Prinzip). Hierzu kann auch dienen, dass Daten nicht lokal auf mobilen Arbeitsmitteln (Laptop) verarbeitet und gegebenenfalls sogar abgelegt werden, sondern z. B. über Terminalserver-Sitzungen gearbeitet wird.

Hinweis

Diese Vorgaben, insbesondere die erforderlichen organisatorischen und informationstechnischen Maßnahmen, dürften kaum bei der Benutzung privater Arbeitsmittel (BYOD, →*Kapitel 2.5.3*) zu gewährleisten sein, soweit diese nicht allein zur telefonischen Kommunikation genutzt werden. Durch die Definition des Geschäftsgeheimnisses im Geschäftsgeheimnisschutzgesetz[115] (§ 2 Nr. 1 GeschGehG) kann bei Fehlen entsprechender Maßnahmen sogar die Qualifikation einer vertraulichen Information als Geschäftsgeheimnis entfallen. Vertrauliche Informationen müssen Gegenstand von den Umständen nach angemessenen Geheimhaltungsmaßnahmen durch ihren rechtmäßigen Inhaber sein, um als Geschäftsgeheimnis qualifiziert zu werden.

---

[115] Geschäftsgeheimnisschutzgesetz (GeschGehG) vom 18.04.2019, BGBl 2019 I, 466.

2.8.2 Schutz personenbezogener Daten (DS-GVO und BDSG)

Bei der Arbeit im Homeoffice und sonstiger mobiler Arbeit gelten die Regelungen zum Schutz personenbezogener Daten nach der Datenschutz-Grundverordnung (DS-GVO), dem Bundesdatenschutzgesetz (BDG) und, bei einer Tätigkeit im öffentlichen Sektor, den Landesdatenschutzgesetzen (LDG) genauso, wie bei einer Arbeit an der Betriebsstätte des Arbeitgebers. Als Verantwortlicher im Sinne von. Art. 4 Nr. 7 DS-GVO hat der Arbeitgeber die Einhaltung datenschutzrechtlicher Vorgaben zu gewährleisten.

Nach Art. 25 Abs. 2 DS-GVO hat der Verantwortliche geeignete technische und organisatorische Maßnahmen zu treffen, die sicherstellen, dass durch Voreinstellung nur personenbezogene Daten verarbeitet werden, deren Verarbeitung für den jeweiligen bestimmten Verarbeitungszweck erforderlich ist. Diese Verpflichtung gilt für die Menge der erhobenen personenbezogenen Daten, den Umfang ihrer Verarbeitung, ihre Speicherfrist und ihre Zugänglichkeit. Solche Maßnahmen müssen insbesondere sicherstellen, dass personenbezogene Daten durch Voreinstellungen nicht ohne Eingreifen der Person einer unbestimmten Zahl von natürlichen Personen zugänglich gemacht werden.

Zur Gewährleistung dieser datenschutzrechtlichen Voreinstellungen wird der Arbeitgeber als Verantwortlicher unter anderem Maßnahmen zur Benutzer- und Zugangskontrolle zu Datenverarbeitungsanlagen, zur Übertragungs- und Datenträgerkontrolle, zur Datensicherheit (Wiederherstellbarkeit verlorener Daten), ergreifen müssen.

Nach Art. 24 Abs. 1 DS-GVO sind Verantwortliche unter Berücksichtigung der Art, des Umfangs, der Umstände und der Zwecke der Verarbeitung sowie der unterschiedlichen Eintrittswahrscheinlichkeit und Schwere der Risiken für die Rechte und Freiheiten natürlicher Personen verpflichtet, geeignete technische und organisatorische Maßnahmen („TOM's") umzusetzen, um sicher zu stellen und den Nachweis dafür erbringen zu können, dass die Verarbeitung personenbezogener Daten nach den Vorgaben der DS-GVO erfolgt.

Nach Art. 29 DS-GVO darf jede, dem Verantwortlichen unterstellte Person, die Zugang zu personenbezogenen Daten hat, diese Daten ausschließlich auf Weisung des Verantwortlichen verarbeiten, es sei denn, dass sie nach dem Unionsrecht oder dem Recht eines Mitgliedsstaats zur Verarbeitung verpflichtet ist. Die dem Verantwortlichen obliegenden Verpflichtungen müssen daher im Wege der Weisung gegenüber den ihm unterstellten Personen, die Zugang zu personenbezogenen Daten haben, abverlangt werden.

Als eines der wesentlichen Prinzipien der Datenschutz-Grundverordnung müssen personenbezogene Daten nach Art. 5 Abs. 1 lit. f DS-GVO unter Gewährleistung von Integrität und Vertraulichkeit, d. h. in einer Weise verarbeitet werden, die eine angemessene Sicherheit der personenbezogenen Daten gewährleistet, einschließlich Schutz vor unbefugter oder unrechtmäßiger Verarbeitung und vor unbeabsichtigtem Verlust, unbeabsichtigter Zerstörung oder unbeabsichtigter Schädigung durch geeignete technische und organisatorische Maßnahmen. Art. 5 DS-GVO normiert zwingend weitere Grundsätze für die Verarbeitung personenbezogener Daten, bei deren Missachtung nach Art. 83 Abs. 5 lit. a DS-GVO erhebliche Bußgelder drohen.

Welche Maßnahmen konkret erforderlich sind, muss für die Situation des Arbeitgebers gesondert im Rahmen der „TOM's" bestimmt werden.

Hinweis

Im Rahmen der Corona-Krise wurden viele Beschäftigte spontan ins Homeoffice entsendet, ohne konkrete Konzepte zum Datenschutz. Die Datenschutzbehörden des Bundes und einiger Länder haben diesen Missstand schnell erkannt und Empfehlungen und Richtlinien veröffentlicht. Arbeitgeber und Arbeitnehmer erhalten dadurch eine Hilfestellung und Orientierung über wichtige technische und organisatorische Maßnahmen (TOM's) für die Einhaltung des Datenschutzes im Homeoffice.

Die Hinweise und Empfehlungen finden sich auf den Internetseiten des Bundesbeauftragten für den Datenschutz und der jeweiligen Landesbehörden.[116]

---

[116] Am ausführlichsten wurden gestaltet: „Hilfestellung zum Datenschutz im Homeoffice" der Landesbeauftragten für den Datenschutz Niedersachsen auf *lfd.niedersachen.de* unter*: t1p.de/4d4c* (Stand: 10.05.2021); „Heimarbeit während der Kontaktbeschränkungen" der Berliner Datenschutzbeauftragten auf *www.datenschutz-berlin.de* unter: *t1p.de/s671g* (Stand: 10.05.2021); „Hinweise zum Datenschutz im Homeoffice" der Landesbeauftragten für den Datenschutz und Informationsfreiheit, Rheinland-Pfalz auf *www.datenschutz.rlp.de* unter: *t1p.de/3jbd* (Stand: 10.05.2021); „Datenschutzrechtliche Regelungen bei Homeoffice – Checkliste mit Prüfkriterien nach DS-GVO" des bayerischen Landesamts für Datenschutz auf *www.lda.bayern.der* unter: *t1p.de/k9ek* (Stand: 10.05.2021).

3 Umsetzung mobiler Arbeit – Rechtliche Grundlagen

Nach der aktuellen Gesetzeslage haben Arbeitnehmer keinen Anspruch darauf, ganz oder teilweise im Homeoffice oder in einer Form des mobilen Arbeitens beschäftigt zu werden[117]. Im Gegenzug kann der Arbeitgeber aber auch einseitig – gegen den Willen des Arbeitnehmers – mobile Arbeit nicht im Wege des **Direktionsrechts** anordnen.

Für das mobile Arbeiten bedarf es daher einer Rechtsgrundlage. Bisher und nach aktueller Rechtslage spielen dabei Tarifverträge und Betriebsvereinbarungen nur eine untergeordnete Rolle. Im Wesentlichen werden die Bedingungen mobilen Arbeitens derzeit individualvertraglich, z. B. als Nachtrag zum Arbeitsvertrag festgelegt und/oder als Arbeitsanweisungen des Arbeitgebers einseitig vorgegeben.

3.1 Direktionsrecht des Arbeitgebers

Die §§ 105 bis 110 Gewerbeordnung (GewO), die auch das Direktionsrecht des Arbeitgebers regeln, stellen den Kernbereich des Arbeitsvertragsrechts dar. Bis 31.12.2002 galten diese Vorschriften ausschließlich für gewerbliche Arbeitnehmer. Durch

---

[117] Nach dem Referentenentwurf eines „Gesetzes zur mobilen Arbeit" soll auch zukünftig kein Rechtsanspruch auf mobiles Arbeiten bestehen. Ähnlich der Regelungen zur Brückenteilzeit soll aber eine Erörterungspflicht des Arbeitgebers bestehen, wenn der Arbeitnehmer ihm seinen Wunsch auf mobile Arbeit mitteilt und eine Zustimmungsfiktion eintreten, wenn der Arbeitgeber nicht form- und fristgerecht widerspricht und/oder seiner Erörterungspflicht nicht nachkommt. Mit dem Mobile-Arbeit-Gesetz (MAG) sollen auch Versicherungslücken beim Unfallversicherungsschutz geschlossen werden.

eine Gesetzesänderung[118] sind die Vorschriften im Unterschied zur früheren Rechtslage nun gemäß § 6 Abs. 2 GewO für alle Arbeitnehmer anwendbar.

Wegen der Natur des Arbeitsverhältnisses kann die vom Arbeitnehmer konkret zu erbringende Tätigkeit im Arbeitsvertrag nur rahmenmäßig umschrieben werden. Nach § 106 Satz 1 Gewerbeordnung (GewO) obliegt es daher dem Arbeitgeber Inhalt, Ort und Zeit der Arbeitsleistung nach billigem Ermessen in den Grenzen der arbeitsvertraglichen Regelungen und unter Beachtung gegebenenfalls anwendbarer Betriebsvereinbarungen oder Tarifverträge sowie der gesetzlichen Vorschriften näher zu bestimmen.[119]

Das Weisungsrecht des Arbeitgebers erstreckt sich darüber hinaus auf eine nicht abschließend aufzählbare, je nach den Umständen näher zu bestimmende Vielzahl von Pflichten, deren Erfüllung unumgänglich ist, um den Austausch der Hauptleistungen sinnvoll zu ermöglichen.[120]

Die Weisungen des Arbeitgebers müssen stets unter **Ausübung billigen Ermessens** erfolgen. Dies verlangt vom Arbeitgeber eine Abwägung der wechselseitigen berechtigten Interessen, gegebenenfalls unter Einbeziehung verfassungsrechtlicher Wertentscheidungen. Soweit keine vorzugswürdigen betrieblichen Interessen oder berechtigte Belange anderer Arbeitnehmer entgegenstehen, hat der Arbeitgeber insbesondere auf schutzwürdige familiäre Belange des Arbeitnehmers Rücksicht zu nehmen.

Ob sich eine Anweisung des Arbeitgebers (noch) in den Grenzen seines Weisungsrechts hält und billigem Ermessen entspricht, ist gerichtlich überprüfbar. Dabei ist ein Arbeitnehmer

---

[118] Art. 1 Nr. 6 BetrVerf-ReformG vom 23.07.2001, BGBl. I 2001, S. 1852.
[119] BAG vom 19.05.2010 – 5 AZR 162/09, NZA 2010, 1119.
[120] Schaub, Arbeitsrechts-Handbuch, 17. Auflage 2017, § 45, Rdn. 13b.

nach § 106 S. 1 GewO, § 315 BGB nicht – auch nicht vorläufig – an eine Weisung des Arbeitgebers gebunden, die die Grenzen billigen Ermessens nicht wahrt. Sanktionen können vonseiten des Arbeitgebers an die Nichtbefolgung einer solchen unbilligen Weisung nicht geknüpft werden.[121] Das Risiko eines Rechtsirrtums wird dadurch allerdings nicht berührt und liegt beim Arbeitnehmer. Stellt sich eine Weisung im Nachhinein als billig im Sinne von § 315 BGB dar, kann die Weigerung des Arbeitnehmers eine Abmahnung oder sogar als nachhaltige Arbeitsverweigerung eine Kündigung gerechtfertigt haben.

---

[121] BAG vom 18.10.2017 – 10 AZR 330/16, DB 2017, 2869.

Hinweis

Nach § 106 S. 1 GewO erstreckt sich das arbeitgeberseitige Direktionsrecht zwar auch auf die Konkretisierung des Arbeitsortes. Die **einseitige zwingende Anordnung der dauerhaften oder vorübergehenden Arbeit im Homeoffice** ist vom Weisungsrecht dagegen nicht gedeckt.

Hier steht der grundrechtlich gewährte Schutz der Unverletzlichkeit der Wohnung nach Art. 13 GG dem Direktionsrecht des Arbeitgebers entgegen, sodass eine Weisung nach billigem Ermessen zur Arbeit in der eigenen Wohnung grundsätzlich ausgeschlossen ist. Der grundrechtliche Schutz der Wohnung hat zur Folge, dass die Arbeit im Homeoffice nicht einseitig angewiesen werden kann.

Anders kann dies ausnahmsweise in Krisenzeiten, wie der Corona-Pandemie, zu beurteilen sein, wenn aufgrund außergewöhnlicher Umstände den Arbeitnehmer nach §§ 242, 241 Abs. 2 BGB eine Pflicht zur (vorübergehenden) Leistung einer vertragsfremden Tätigkeit trifft, soweit dies erforderlich ist, um arbeitgeberseitig auf die Ausnahmesituation zur Abwendung von (existenzbedrohenden) Schäden zu reagieren, insbesondere die Ausbreitung von Infektionen einzudämmen. [122]

Die Leistungsbestimmung nach billigem Ermessen verlangt eine **Abwägung der wechselseitigen Interessen** nach den verfassungsrechtlichen und gesetzlichen Wertentscheidungen, den allgemeinen Wertungsgrundsätzen der Verhältnismäßigkeit und Angemessenheit sowie die Verkehrssitte und Zumutbarkeit. Dies gebietet eine Berücksichtigung und Bewertung der Interes-

---

[122] Müller, Homeoffice in der arbeitsrechtlichen Praxis, 2. Auflage 2020, Rn. 658 f.

sen unter Abwägung aller Umstände des Einzelfalls. Hierzu gehören im Arbeitsrecht die Vorteile aus einer Regelung, die Risikoverteilung zwischen den Vertragsparteien, die beiderseitigen Bedürfnisse, außervertragliche Vor- und Nachteile, Vermögens- und Einkommensverhältnisse sowie soziale Lebensverhältnisse, wie familiäre Pflichten und Unterhaltsverpflichtungen.[123]

Das Direktionsrecht des Arbeitgebers nach § 106 S. 1 GewO reicht immer nur soweit, wie es nicht durch vorrangige Regelungen, z. B. Tarifverträge und Betriebsvereinbarungen, vor allem aber auch durch den Arbeitsvertrag der Parteien eingeschränkt ist.

Beispiel: Wurde im Arbeitsvertrag etwa der Hauptsitz des Arbeitgebers an einem bestimmten Ort als Arbeitsort festgelegt – und gleichzeitig kein wirksamer Versetzungsvorbehalt vereinbart – kann der Arbeitgeber den Arbeitnehmer nicht durch einseitige Weisung an die Niederlassung in einem anderen Ort versetzen.

Erfolgt eine Konkretisierung, z. B. des Arbeitsortes im Arbeitsvertrag, kann eine abweichende Weisung des Arbeitgebers dennoch zulässig sein, wenn diese vertraglich durch eine sog. **Versetzungsklausel** vorbehalten wurde. Das Bundesarbeitsgericht BAG hält Versetzungsklauseln auch seit Geltung des AGB-Rechts[124] auf Arbeitsverträge grundsätzlich für zulässig, wenn die Versetzungsmöglichkeit des Arbeitnehmers unter dem Vorbehalt der Wahrung der beiderseitigen Interessen gestellt wird.[125] Ein Verstoß gegen das Transparenzgebot liegt insoweit nicht vor, da es sich bei der in § 106 Satz 1 GewO enthaltenen Befugnis des Arbeitgebers, die nur rahmenmäßig umschriebe-

---

[123] BAG vom 21.07.2009 - 9 AZR 404/08, DB 2010, 61.
[124] Hierzu ausführlich →*Kapitel 3.2.2.*
[125] BAG vom 11.04.2006 – 9 AZR 557/05, DB 2007, 289.

ne Leistungspflicht zu konkretisieren, um eine Besonderheit des Arbeitsrechts handelt, die nach § 310 Abs. 4 Satz 2 BGB angemessen zu berücksichtigen ist.[126]

Die Einschränkung des Direktionsrechts bezüglich des Arbeitsortes durch vertragliche Vereinbarung gilt nicht nur bei der Festlegung einer Betriebsstätte des Arbeitgebers als Arbeitsort, sondern auch umgekehrt: Vereinbaren die Arbeitsvertragsparteien die vollständige oder teilweise mobile Arbeit oder Arbeit im Homeoffice (oder natürlich auch Telearbeit), wäre eine dauerhafte Zuweisung der Arbeitsleistung (wieder) an einer Betriebsstätte des Arbeitgebers nicht mehr vom Weisungsrecht des Arbeitgebers gedeckt.

Der Arbeitgeber kann sich aber wirksam vorbehalten, dass er den Arbeitnehmer vorübergehend oder dauerhaft (wieder) an seiner Betriebsstätte oder an einem anderen Arbeitsort einsetzt.[127] Allerdings muss sich aus der Klausel ergeben, dass die Beendigung der Tätigkeit im Homeoffice oder der mobilen Arbeit durch einseitige Weisung des Arbeitgebers nicht willkürlich erfolgen kann, sondern auch diese Entscheidung nach dem Leitbild des § 106 S. 1 GewO nach billigem Ermessen erfolgen muss. Gewährleistet die Klausel dies nicht, benachteiligt sie den Arbeitnehmer unangemessen, sodass die Klausel nach § 307 Abs. 1 S. 1 in Verbindung mit § 307 Abs. 2 Nr. 1 BGB unwirksam ist und damit eine „Rückversetzung" an die Betriebsstätte des Arbeitgebers ausgeschlossen wäre.

Nicht erforderlich ist, dass in der Versetzungsklausel bereits etwaige Gründe für die Ausübung des Weisungsrechts benannt

---

[126] BAG vom 11.04.2006 – 9 AZR 557/05, DB 2007, 289.
[127] LAG Düsseldorf vom 10.09.2014 – 12 Sa 505/14; LAG Rheinland-Pfalz vom 17.12.2014 – 4 Sa 404/14.

werden[128] oder diese explizit eine Ankündigungsfrist bzw. die Angabe eines maximalen Entfernungsradius (in dem sich der Arbeitsort im Vergleich zur Wohnung des Arbeitnehmers befinden darf) vorsieht.[129]

> **Hinweis**
>
> Die Möglichkeit des mobilen Arbeitens und Arbeiten im Homeoffice stellen in aller Regel eine Option des Arbeitnehmers dar, bei der der Arbeitgeber (dauerhaft oder zumindest zeitweise) auf die Ausübung seines Direktionsrechts zur Bestimmung des Arbeitsortes verzichtet.
>
> Mit Ausnahme krisenhafter Situationen kann die Arbeit im Homeoffice oder mobile Arbeit nicht einseitig durch den Arbeitgeber erzwungen werden. Ungeachtet dessen werden die Arbeitsvertragsparteien regelmäßig eine Vereinbarung zum mobilen Arbeiten/Homeoffice treffen, sei es nun ausdrücklich, im besten Fall sogar schriftlich oder mündlich bzw. durch schlüssiges Verhalten.
>
> Zu empfehlen ist eine schriftliche Vereinbarung, in der sich der Arbeitgeber wirksam die Möglichkeit vorbehält, seinen Verzicht zur Bestimmung des Arbeitsortes im konkreten Bedarfsfall oder auch dauerhaft wieder rückgängig zu machen, also den Arbeitnehmer wieder (dauerhaft) an seiner Betriebsstätte einzusetzen.

---

[128] BAG vom 25.08.2010 – 10 AZR 275/09, NZA 2010, 1355.

[129] Müller, Homeoffice in der arbeitsrechtlichen Praxis, 2. Auflage 2020, Rn. 140.

3.2 Vereinbarung zum Homeoffice oder mobiler Arbeit

Soweit nicht im Einzelfall einmal eine kollektivrechtliche Regelung (wie Betriebsvereinbarung und Tarifvertrag) vorhanden ist und die Arbeit nicht spontan wegen einer Krisensituation außerhalb der Betriebsstätte des Arbeitgebers geleistet werden muss, wird wie gezeigt die Einführung mobiler Arbeit oder Arbeit im Homeoffice durch eine Vereinbarung zwischen den Parteien erfolgen. Das Grundrecht der Unverletzlichkeit der Wohnung nach Art. 13 GG steht einer solchen Vereinbarung nicht entgegen, da der Arbeitnehmer der Nutzung seiner Wohnung als Arbeitsplatz zustimmen kann.

Die inhaltliche Ausgestaltung mobiler Arbeit kann stark variieren, von der Vereinbarung echter und ausschließlicher Telearbeit, im Einzelfall zulässiger Arbeit außerhalb der Betriebsstätte bis zu völlig mobilen Formen der Leistungserbringung ohne jegliche Konkretisierung durch den Arbeitgeber. Ebenso variiert die Gestaltung, ob die mobile Arbeit einen festgelegten Anspruch des Arbeitnehmers oder eine Option darstellen soll, die der jeweiligen Freigabe im Einzelfall bedarf.

Hinweis

Übersehen wird in der Praxis häufig, dass die Gestaltung der Art und Weise mobiler Arbeit auch wesentlichen Einfluss auf deren etwaige spätere Beendigung haben kann, insbesondere wenn sich aus der Vereinbarung zwischen den Parteien ein *„Recht auf mobiles Arbeiten"* zugunsten des Arbeitnehmers ableiten lässt. In letzterem Fall ist die Rückkehr zu „normaler" Arbeit deutlich schwieriger und kann oft nur mit Zustimmung des Arbeitnehmers oder im Wege der Änderungskündigung umgesetzt werden.[130]

3.2.1 Inhalt der Vereinbarung

Da für mobiles Arbeiten und die Arbeit im Homeoffice – zumindest derzeit noch – keine gesetzlichen Vorgaben bestehen, gibt es für eine entsprechende Vereinbarung natürlich auch **keinen zwingenden Mindestinhalt**.

Nach dem Nachweisgesetz (NachwG) ist der Arbeitgeber verpflichtet, spätestens einen Monat nach dem vereinbarten Beginn des Arbeitsverhältnisses die wesentlichen Vertragsbedingungen schriftlich niederzulegen, die Niederschrift zu unterzeichnen und dem Arbeitnehmer auszuhändigen (§ 2 NachwG). In die Niederschrift hat der Arbeitgeber unter anderem zwingend aufzunehmen,

- den Arbeitsort oder, falls der Arbeitnehmer nicht nur an einem bestimmten Arbeitsort tätig sein soll, ein Hinweis darauf, dass der Arbeitnehmer an verschiedenen Orten beschäftigt werden kann,

---

[130] Zu Einzelheiten der Beendigung, →*Kapitel 3.3.*

- die vereinbarte Arbeitszeit,

- sowie weitere Bedingungen des Arbeitsverhältnisses, etwa eine kurze Charakterisierung oder Beschreibung der vom Arbeitnehmer zu leistenden Tätigkeit, die Zusammensetzung und Höhe des Arbeitsentgelts, die Dauer des jährlichen Erholungsurlaubs, Regelungen zur Kündigung, etc.

Eine Vereinbarung zu mobiler Arbeit wird regelmäßig ergänzend zum Arbeitsvertrag bzw. erst im laufenden Arbeitsverhältnis als Nachtrag abgeschlossen. Die zuletzt genannten Arbeitsbedingungen, wie z. B. die Dauer des Erholungsurlaubs oder die Höhe des Arbeitsentgelts werden daher bereits gesondert im Arbeitsvertrag enthalten und unabhängig von der mobilen Arbeit sein.

Wesentlicher und damit wegen einer üblichen Abweichung zum sonstigen Arbeitsvertrag „zwingender" Inhalt einer Vereinbarung zu mobiler Arbeit ist die Angabe des Arbeitsortes, bzw. die Angabe der Art mobiler Arbeit (ausschließliche oder alternierende Telearbeit, wechselnde Arbeitsorte, Angabe des Homeoffice, mobile Arbeit, teilweise zwingender Arbeitsort, etc.) und – weil dies in der Praxis häufig verbunden wird – vom Arbeitsvertrag abweichende Regelungen zur Lage der Arbeitszeit während der mobilen Arbeit. In jedem Falle sollte eindeutig klargestellt sein, ob die mobile Arbeit einen dauerhaften und festen Bestandteil des Arbeitsverhältnisses oder (nur) eine Rahmenoption bildet, die der jeweiligen Freigabe durch den Arbeitgeber im Einzelfall bedarf. Gleichfalls „zwingend" dürfte die Angabe der Dauer (unbefristet, für einen bestimmten Zeitraum, etc.) sein.

Fakultativ können in einer Vereinbarung zu mobiler Arbeit natürlich sämtliche Regelungen getroffen werden, die die Art und Weise der Arbeitsleistung konkretisieren. Diese werden überwiegend die im →*Kapitel 2* beschriebenen rechtlichen Rahmenbedingungen beinhalten, wie etwa Fragen

- welche Arbeitsmittel, von wem zur Verfügung gestellt werden,

- zur etwaigen Einrichtung eines Telearbeitsplatzes, verbunden mit Kontroll- und Zutrittsrechten,

- ob und welche Kosten als Aufwendungsersatz erstattet werden,

- wie Reisezeiten und Fahrtkosten zu behandeln sind,

- welches Vorgehen bei Betriebsstörungen einzuhalten ist und wer gegebenenfalls das Risiko des Arbeitsausfalls trägt,

- zur Gewährleistung der Erreichbarkeit und der Kommunikation mit dem Arbeitgeber, Kunden und Kollegen,

- zur Art und Weise der Zeiterfassung und gegebenenfalls Dokumentation der mobil geleisteten Arbeit,

- wie Betriebsgeheimnisse und der Datenschutz sichergestellt werden oder

- zur Beendigung der mobilen Arbeit.

3.2.2 Formularmäßige Vereinbarung zur mobilen Arbeit

Seit dem Inkrafttreten des Gesetzes zur Modernisierung des Schuldrechts zum 01.01.2002 können Arbeitsverträge Allgemeine Geschäftsbedingungen (AGB) darstellen und unterliegen dann der strengen Klauselkontrolle nach §§ 305 ff. BGB. Bei der Anwendung der §§ 305 ff. BGB auf Arbeitsverträge sind die im Arbeitsrecht geltenden Besonderheiten angemessen zu berücksichtigen (§ 310 Abs. 4 S. 2 BGB).

Die Bedingungen in einem Arbeitsvertrag stellen AGB dar und unterliegen damit den §§ 305 ff. BGB, wenn der Arbeitsvertrag für eine Vielzahl von Verträgen vorformulierte Vertragsbedingungen enthält, die eine Vertragspartei (Arbeitgeber als Verwender) der anderen Vertragspartei bei Abschluss des Vertrages stellt, § 305 Abs. 1 Satz 1 BGB. Dies gilt nicht nur für den Arbeitsvertrag selbst, sondern auch für alle anderen formularmäßigen Vereinbarungen zwischen Arbeitgeber und Arbeitnehmer.

Da der Arbeitnehmer als Verbraucher nach § 13 BGB zu qualifizieren ist, finden die §§ 305c Abs. 2, 306, 307 bis 309 BGB selbst dann Anwendung, wenn die vorformulierten Vertragsbedingungen nur zur einmaligen Verwendung bestimmt sind, soweit der Arbeitnehmer aufgrund der Vorformulierung keinen Einfluss auf den Vertrag nehmen konnte (§ 310 Abs. 3 Nr. 2 BGB). „Gestellt" sind Vertragsbedingungen, wenn sie von einer Partei einseitig auferlegt werden.[131] Bei Arbeitsverträgen gelten die Vertragsbedingungen als vom Arbeitgeber gestellt, es sei denn, dass sie durch den Arbeitnehmer als Verbraucher in den Vertrag eingeführt wurden, § 310 Abs. 3 Nr. 1 BGB.

Haben die Parteien eine Vereinbarung im Einzelnen getroffen, hat diese Vorrang vor einer abweichenden AGB/Formularklausel, § 305b BGB. Die im Widerspruch stehende AGB ist dann unwirksam. Dabei ist unerheblich, ob die Individualabrede zu einer AGB-Klausel in direktem oder indirektem Widerspruch steht[132] oder in welcher Form und zu welchem Zeitpunkt die Individualabrede getroffen wurde. Eine AGB-Klausel kann daher auch durch eine mündliche oder durch schlüssiges Verhalten getroffene Individualabrede unwirksam werden.[133]

---

[131] Palandt, Bürgerliches Gesetzbuch, 79. Auflage 2020, Rn. 10 zu § 305 BGB.
[132] Palandt, Bürgerliches Gesetzbuch, 79. Auflage 2020, Rn. 3 u. Rn. 4 zu § 305b BGB.
[133] Palandt, Bürgerliches Gesetzbuch, 79. Auflage 2020, Rn. 2 zu § 305b BGB.

Formularklauseln werden nicht Vertragsbestandteil, wenn sie überraschende Klauseln i.S.d. § 305c Abs. 1 BGB darstellen.

Gem. § 305c Abs. 1 Satz 1 BGB sind überraschende Klauseln in AGB solche Bestimmungen, die nach den Umständen, insbesondere nach dem äußeren Erscheinungsbild des Vertrages, so ungewöhnlich sind, dass der Vertragspartner des Verwenders (Arbeitgeber) nicht mit ihnen zu rechnen braucht, auch wenn sie für sich betrachtet keine überraschenden Klauseln darstellen.

Beispiel: So hat das BAG etwa eine Verfallsklausel als „überraschend" qualifiziert, die in einem 19 Paragraphen umfassenden Vertrag unter der Überschrift „Schlussbestimmungen" enthalten war.[134]

Formularklauseln im Arbeitsvertrag unterliegen der Inhaltskontrolle nach §§ 307 bis 309 BGB und dürfen danach

- das sog. Transparenzgebot nach § 307 Abs. 1 Satz 2 BGB nicht verletzen,

- den Vertragspartner des Verwenders nicht unangemessen benachteiligen, § 307 Abs. 1 Satz 1 BGB und

- nicht gegen die (konkreten) Klauselverbote der §§ 308, 309 BGB verstoßen.

Nach § 307 Abs. 1 Satz 1 BGB sind Bestimmungen in AGB unwirksam, wenn sie den Vertragspartner des Verwenders entgegen den Geboten von Treu und Glauben **unangemessen benachteiligen**. Unangemessen ist jede Beeinträchtigung eines rechtlich anerkannten Interesses des Arbeitnehmers, die nicht durch begründete und billigenswerte Interessen des Arbeitgebers gerechtfertigt ist oder durch gleichwertige Vorteile aus-

---

[134] BAG vom 31.08.2005 – 5 AZR 545/04, DB 2006, 1273.

geglichen wird.[135] Eine unangemessene Benachteiligung ist im Zweifel anzunehmen, wenn eine Bestimmung mit wesentlichen Grundgedanken der gesetzlichen Regelung, von der abgewichen wird, nicht zu vereinbaren ist (§ 307 Abs. 2 Nr. 1 BGB). Das dispositive Gesetzesrecht ist hier Leitbild der Inhaltskontrolle.[136] Je weiter sich AGB vom gesetzlichen Leitbild entfernen, desto größer ist die Gefahr einer unangemessenen Benachteiligung.

Wegen **Verstoß gegen das Transparenzgebot** ist eine Klausel unwirksam, wenn sie nicht klar und verständlich formuliert ist (§ 307 Abs. 1 Satz 2 BGB). Das Transparenzgebot soll den Arbeitnehmer davor schützen, dass er von der Durchsetzung bestehender Rechte abgehalten wird.[137] Das Transparenzgebot verlangt, dass die tatbestandlichen Voraussetzungen und Rechtsfolgen einer Klausel so genau beschrieben werden, dass für den Arbeitnehmer keine ungerechtfertigten Beurteilungsspielräume entstehen.[138] Die Rechte und Pflichten des Vertragspartners des Klauselverwenders (Arbeitgebers) sind daher – im Rahmen des rechtlich möglichen und tatsächlich zumutbaren – so klar und präzise wie möglich zu umschreiben.[139]

Die §§ 308 und 309 BGB enthalten **spezielle Klauselverbote** mit und ohne Wertungsmöglichkeit. Sie spielen in Arbeitsverträgen nur eine untergeordnete Rolle. Darüber hinaus sind nach § 310 Abs. 4 Satz 2 BGB bei ihrer Anwendung auf Arbeitsverträge die im Arbeitsrecht geltenden Besonderheiten angemessen zu berücksichtigen.

---

[135] BAG vom 07.12.2005 – 5 AZR 535/04, DB 2006, 897.
[136] Schaub, Arbeitsrechts-Handbuch, 17. Auflage 2017, § 35, Rn. 44a.
[137] BAG vom 01.09.2010 – 5 AZR 517/09, DB 2011, 61.
[138] BAG vom 31.08.2005 – 5 AZR 545/04, DB 2006, 1273.
[139] BAG vom 28.05.2009 – 8 AZR 896/07, NZA 2009, 1337.

Hinweis

Eine gewichtige Rolle spielen die Vorgaben des AGB-Rechts, vor allem das Verbot unangemessener Benachteiligung und das Transparenzgebot, bei der **Vereinbarung eines Versetzungsvorbehalts**.

Der Arbeitgeber kann sich in einer Vereinbarung zum mobilen Arbeiten wirksam vorbehalten, dass er den Arbeitnehmer vorübergehend oder dauerhaft (wieder) an seiner Betriebsstätte oder an einem anderen Arbeitsort einsetzt.[140] Allerdings muss sich aus der Klausel ergeben, dass die Beendigung der Tätigkeit im Homeoffice oder der mobilen Arbeit durch einseitige Weisung des Arbeitgebers nicht willkürlich erfolgen kann, sondern auch diese Entscheidung nach dem Leitbild des § 106 S. 1 GewO nach billigem Ermessen erfolgen muss. Gewährleistet die Klausel dies nicht, benachteiligt sie den Arbeitnehmer unangemessen, sodass die Klausel nach § 307 Abs. 1 S. 1 in Verbindung mit § 307 Abs. 2 Nr. 1 BGB unwirksam ist und damit eine „Rückversetzung" an die Betriebsstätte des Arbeitgebers durch Weisung des Arbeitgebers ausgeschlossen wäre.[141]

3.2.3 Form

Der Arbeitsvertrag wird zwischen dem Arbeitnehmer und dem Arbeitgeber, wie jeder andere Vertrag auch, durch Antrag und Annahme abgeschlossen (§§ 145 ff. BGB). Es besteht grundsätzlich Formfreiheit, sodass die aufeinander bezogenen Willenser-

---

[140] LAG Düsseldorf vom 10.09.2014 – 12 Sa 505/14; LAG Rheinland-Pfalz vom 17.12.2014 – 4 Sa 404/14.

[141] Im Einzelnen, →*Kapitel 3.1.*

klärungen mündlich, schriftlich, ausdrücklich oder konkludent durch schlüssiges Verhalten abgegeben werden können[142]. Dies gilt natürlich auch für sonstige Vereinbarungen zwischen den Arbeitsvertragsparteien, wie etwa einem Nachtrag zu mobiler Arbeit.

Nach dem **Nachweisgesetz** ist der Arbeitgeber verpflichtet, spätestens einen Monat nach dem vereinbarten Beginn des Arbeitsverhältnisses die wesentlichen Vertragsbedingungen schriftlich niederzulegen, die Niederschrift zu unterzeichnen und dem Arbeitnehmer auszuhändigen (§ 2 NachwG). Die Verpflichtung gilt auch, wenn bereits eine Dokumentation des Arbeitsverhältnisses erfolgte, sich die Arbeitsbedingungen aber später aufgrund individualvertraglicher Vereinbarung zwischen Arbeitgeber und Arbeitnehmer ändern. Insoweit ist nach § 3 S. 1 NachwG eine Änderung der wesentlichen Vertragsbedingungen dem Arbeitnehmer spätestens einen Monat nach der Änderung schriftlich mitzuteilen.

Hinweis

Schon aus Beweiszwecken und um spätere Unklarheiten zu verhindern, sollte die Vereinbarung zu mobilem Arbeiten (wie der Arbeitsvertrag auch) möglichst in Schriftform erfolgen. Wurde dem Arbeitnehmer eine schriftliche Vereinbarung ausgehändigt, entfällt zudem die Verpflichtung zur Dokumentation der Arbeitsbedingungen aus §§ 2 und 3 NachwG (§ 2 Abs. 4 NachwG).

---

[142] Schaub, Arbeitsrechts-Handbuch, 17. Auflage 2017, § 34 Rn. 15.

Soll die Möglichkeit der mobilen Arbeit für eine bestimmte Zeit, d. h. befristet ermöglicht werden, ist abweichend zu § 14 Abs. 4 TzBfG ebenfalls keine Schriftform für die Befristungsabrede zwingend vorgeschrieben.[143]

3.2.4   Gleichbehandlungsgrundsatz

Aus dem arbeitsrechtlichen Gleichbehandlungsgrundsatz kann sich unter bestimmten Umständen ein Anspruch auf Homeoffice ergeben.

Der aus Art. 3 GG abgelcitete allgemeine Gleichbehandlungsgrundsatz gebietet dem Arbeitgeber, seine Arbeitnehmer oder Gruppen von Arbeitnehmern, die sich in vergleichbarer Lage befinden, bei Anwendung einer selbst gesetzten Regel gleich zu behandeln. Damit verbietet der Gleichbehandlungsgrundsatz eine sachfremde Gruppenbildung und die willkürliche Schlechterstellung einzelner Arbeitnehmer innerhalb einer Gruppe.[144] Er wirkt dabei nicht nur als Abwehrrecht, sondern begründet auch einen Anspruch auf Gleichbehandlung.[145]

Beispiel: Der Arbeitgeber öffnet allen seinen kaufmännischen Mitarbeitern die Möglichkeit, drei Tage pro Woche im Homeoffice zu arbeiten, nur zwei Mitarbeitern aus dem kaufmännischen Bereich erlaubt er dies, ohne ersichtliche Gründe, nicht. Die beiden Mitarbeiter könnten hier einen Anspruch auf Homeoffice haben. Etwas anderes würde gelten, wenn für den Ausschluss der beiden Mitarbeiter aus der Homeoffice-Regelung ein sachlicher Grund vorliegt, z. B. wenn sich die beiden Mitarbeiter noch in der Probezeit befinden und der Arbeitgeber sie im Betrieb vor Ort erproben möchte.

---

[143] →*Kapitel 3.3.4.*

[144] BAG vom 21.09.2011 - 5 AZR 520/10, NZA 2012, 31.

[145] Erfurter Kommentar zum Arbeitsrecht, 18. Auflage 2018, Rn. 575 zu § 611a BGB.

Allerdings setzt der Anspruch auf Gleichbehandlung voraus, dass der Arbeitgeber bei Gewährung von Leistungen oder sonstigen, den Arbeitnehmer begünstigenden Maßnahmen, nach einer selbst gesetzten, abstrakt generellen Regelung vorgeht. Danach findet der arbeitsrechtliche Gleichbehandlungsgrundsatz keine Anwendung, wenn der Arbeitgeber nur einzelne Arbeitnehmer aufgrund individueller Vereinbarung besserstellt.

Beispiel: Die neue Mitarbeiterin hat bereits im Bewerbungsgespräch geäußert, dass sie gemeinsam mit ihrer Schwester ihre pflegebedürftige Mutter versorgt und daher drei Tage pro Woche vom Homeoffice aus arbeiten müsse. Aufgrund dieser Sondersituation gewährt der Arbeitgeber lediglich dieser Mitarbeiterin die Möglichkeit des Homeoffice.

Der Gleichbehandlungsgrundsatz gebietet nur die Gleichstellung von Arbeitnehmern in vergleichbarer Lage, was grundsätzlich tätigkeitsbezogen zu bestimmen ist. Möchte der Arbeitgeber bei der Entscheidung über mobile Arbeit bzw. Homeoffice unter verschiedenen Arbeitnehmergruppen in vergleichbarer Lage unterscheiden, müssen hierfür sachliche Gründe vorliegen. Sachliche Gründe können z. B. sein, dass

- die Arbeit ortsgebunden erfolgen muss und damit für mobile Arbeit ungeeignet ist,

- nur Arbeitnehmern mobile Arbeit gewährt wird, die in einer bestimmten Entfernung zum Arbeitgeber wohnen oder

- mobile Arbeit für besonders sensible oder sicherheitsrelevante Bereiche ausgeschlossen wird.[146]

---

[146] Müller, Homeoffice in der arbeitsrechtlichen Praxis, 2. Auflage 2020, Rn. 112.

Hinweis

Ein sachlicher Grund für eine Ungleichbehandlung kann auch die Bereitschaft des Arbeitnehmers darstellen, eine **Vereinbarung mit dem Arbeitgeber über mobiles Arbeiten oder die Arbeit im Homeoffice** zu treffen (vorausgesetzt, die Vereinbarung enthält einen rechtlich zulässigen Inhalt).

Die Weigerung, ein entsprechendes Vertragsangebot anzunehmen, führt nicht zu einer Ungleichbehandlung. Vielmehr ist die Ungleichbehandlung dadurch ausgelöst, dass der Arbeitnehmer das Angebot zum Abschluss der Vereinbarung nicht angenommen hat. Der Gewährung von zusätzlichen Leistungen nur an Arbeitnehmer, die das Vertragsangebot angenommen haben, liegt keine verteilende Entscheidung des Arbeitgebers zugrunde. Der Arbeitgeber kommt lediglich seiner vertraglichen Verpflichtung aus den Vereinbarungen nach. Die bloße Vertragserfüllung ist keine verteilende Entscheidung des Arbeitgebers und löst damit bereits dem Grunde nach keine Ungleichbehandlung aus.[147]

---

[147] LAG Rheinland-Pfalz vom 07.06.2018 - 5 Sa 459/17 zur Ablehnung eines neuen Arbeitsvertrages, der einen erhöhten Urlaubsanspruch gegenüber den alten Arbeitsverträgen enthält.

3.3 Beendigung der mobilen Arbeit

3.3.1 Einvernehmliche Beendigung

Mit einer Beendigung des Arbeitsverhältnisses insgesamt, z. B. durch einen Aufhebungsvertrag zwischen den Vertragsparteien, enden natürlich auch Absprachen zu mobiler Arbeit, Homeoffice, Telearbeit, etc. spätestens zum festgelegten Beendigungszeitpunkt.[148]

Unabhängig vom Fortbestand des Arbeitsverhältnisses können Vereinbarungen zur mobilen Arbeit auch isoliert im gegenseitigen Einvernehmen jederzeit beendet oder neu gestaltet werden.[149] Wie auch für die Vereinbarung der mobilen Arbeit selbst, besteht für eine vertragliche Absprache zu ihrer Beendigung keine spezielle Formvorschrift.[150]

Vorsicht ist allerdings geboten, wenn der Arbeitsvertrag (oder die Vereinbarung zum mobilen Arbeiten) eine sog. **(doppelte) Schriftformklausel** enthält.

Viele Arbeitsvertragsmuster sehen in den Schlussbestimmungen vor, dass z. B. „Vereinbarungen zwischen den Parteien", „Ergänzungen dieser Vereinbarung" oder „Nebenabreden" der Schriftform bedürften. Auch eine solche Absprache zwischen

---

[148] Dies gilt selbstverständlich auch für eine anderweitige Beendigung des Arbeitsverhältnisses, wie z.B. durch Arbeitnehmer- oder wirksame Arbeitgeberkündigung.

[149] Ist im Betrieb des Arbeitgebers ein Betriebsrat gewählt und erfüllt die Beendigung der mobilen Arbeit den Tatbestand einer Versetzung im Sinne von § 99 BetrVG, ist auch bei einer einvernehmlichen Beendigung der Vereinbarung die vorherige Zustimmung des Betriebsrats einzuholen oder durch das Arbeitsgericht ersetzen zu lassen (→Kapitel 5).

[150] Die Beendigung des Arbeitsverhältnisses insgesamt durch Aufhebungsvertrag müsste dagegen schriftlich erfolgen (§ 623 BGB).

den Parteien muss sich als AGB an den Kriterien der §§ 305 ff. BGB messen lassen.[151] Das Bundesarbeitsgericht kommt zum Schluss, dass die meisten Formulierungen zu einem Schriftformerfordernis im Vertrag gegen das Transparenzgebot verstoßen und damit nichtig sind, wenn sie nicht ausdrücklich den in § 305b BGB vorgesehenen Vorrang der Individualabrede gegenüber formularmäßigen Schriftformklauseln beinhalten.[152]

Hinweis

Enthält der Arbeitsvertrag eine Schriftformklausel, sollte der Arbeitgeber bei einer einvernehmlichen Beendigung des Homeoffice/der mobilen Arbeit unbedingt auf die Einhaltung der Schriftform achten, unabhängig davon, ob die Schriftformklausel den strengen Vorgaben der Rechtsprechung genügt. Denn selbst wenn die Schriftformklausel im Arbeitsvertrag nichtig wäre, kann sich der Arbeitgeber selbst hierauf nicht berufen. Soweit der Arbeitgeber aus einer, der vertraglich vorgesehenen Form nicht entsprechenden Vereinbarung Vorteile herleiten will (hier: Beendigung der mobilen Arbeit), kann sich der Arbeitnehmer auf den Formmangel (Verstoß gegen die arbeitsvertragliche Schriftform) berufen.

3.3.2 Ausübung des Direktionsrechts

In der Vereinbarung zwischen den Parteien, dass der Arbeitnehmer seine oder einen Teil seiner Arbeitsleistung nicht in einer Betriebsstätte des Arbeitgebers erfüllen muss, sondern im Rah-

---

[151] Zu Einzelheiten, →*Kapitel 3.2.2.*
[152] BAG vom 20.05.2008 – 9 AZR 382/07, DB 2008, 2365.

men mobilen Arbeitens, liegt eine Ausübung bzw. ein teilweiser Verzicht auf die Ausübung des Direktionsrechts des Arbeitgebers zur Bestimmung des Arbeitsortes nach § 106 S. 1 GewO.[153]

Hat der Arbeitgeber den Arbeitnehmer im Rahmen seines Direktionsrechts **einseitig angewiesen**, seine Arbeitsleistung vorübergehend ganz oder teilweise abweichend von seinem üblichen Arbeitsort im Homeoffice oder sonst mobil zu erbringen und kommt der Arbeitnehmer dieser Anweisung nach, obwohl dazu i.d.R. keine Verpflichtung bestünde, wird hieraus regelmäßig keine Einschränkung des Weisungsrechts und des Weisungsumfangs des Arbeitgebers folgen. Der Arbeitgeber ist unter Berücksichtigung der Vorgaben in § 106 S. 1 GewO, insbesondere unter Ausübung billigen Ermessens berechtigt, den Arbeitsort erneut einseitig zu definieren und den Arbeitnehmer aufzufordern, seine Arbeitsleistung wieder (ausschließlich) im Betrieb zu erbringen.[154]

Erfolgt die Arbeit im Homeoffice oder mobile Arbeit dagegen aufgrund einer (ausdrücklichen oder schlüssigen) Vereinbarung zwischen Arbeitgeber und Arbeitnehmer, kann die **Ausübung des Direktionsrechts eingeschränkt sein.**

Das Direktionsrecht des Arbeitgebers nach § 106 S. 1 GewO reicht immer nur soweit, wie es nicht durch vorrangige Regelungen, z. B. Tarifverträge und Betriebsvereinbarungen, vor allem aber auch **durch den Arbeitsvertrag der Parteien eingeschränkt** ist. Die Einschränkung des Direktionsrechts bezüglich des Arbeitsortes durch vertragliche Vereinbarung ist nicht

---

[153] Ausführlich zum Direktionsrecht des Arbeitgebers, →*Kapitel 3.1.*
[154] Von dieser Gestaltung dürften die meisten Fälle des spontanen Homeoffice im Zusammenhang mit der Corona-Pandemie betroffen sein. Enden hier die Vorgaben zur Kontaktbeschränkung, dürfte der Arbeitgeber regelmäßig ohne Weiteres in der Lage sein, den Arbeitnehmer wieder durch einseitige Anordnung im Betrieb einzusetzen.

nur für die konkrete Festlegung, z. B. einer Betriebsstätte des Arbeitgebers als Arbeitsort zu beachten, sondern auch umgekehrt: Vereinbaren die Arbeitsvertragsparteien die vollständige oder teilweise mobile Arbeit oder Arbeit im Homeoffice, wäre eine dauerhafte Zuweisung der Arbeitsleistung (wieder) an einer Betriebsstätte des Arbeitgebers nicht mehr von seinem Weisungsrecht gedeckt.

Der Arbeitgeber kann sich aber auch in diesem Rahmen wirksam vorbehalten, dass er den Arbeitnehmer vorübergehend oder dauerhaft (wieder) an seiner Betriebsstätte oder an einem anderen Arbeitsort einsetzt. Allerdings muss sich aus der Klausel ergeben, dass die Beendigung der Tätigkeit im Homeoffice oder der mobilen Arbeit durch einseitige Weisung des Arbeitgebers nicht willkürlich erfolgen kann, sondern auch diese Entscheidung nach dem Leitbild des § 106 S. 1 GewO nach billigem Ermessen erfolgen muss.[155]

3.3.3 Teilkündigung und Änderungskündigung

Die Beendigung der mobilen Arbeit kann einseitig, auch durch Kündigung in Betracht kommen.

Die Kündigung könnte als sog. **Teilkündigung** nur auf die Vereinbarung zur mobilen Arbeit bezogen werden. Nach der (bisher überwiegenden) Rechtsprechung des Bundesarbeitsgerichts sind allerdings Teilkündigungen, mit denen der Kündigende einzelne Vertragsbedingungen gegen den Willen der anderen Vertragspartei einseitig ändern will, grundsätzlich unzulässig. Sie stellen einen unzulässigen Eingriff in das ausgehandelte Äquivalenz- und Ordnungsgefüge des Vertrags dar.[156]

---

[155] Siehe hierzu ausführlich, auch zu den Anforderungen an entsprechende Versetzungsklauseln, →*Kapitel 3.1.*

[156] BAG vom 23.03.2011 – 10 AZR 562/09, DB 2011, 1926.

Nach neuer Rechtsprechung können dagegen Teilkündigungen ausnahmsweise zulässig sein, wenn dem einen Vertragspartner das Recht hierzu eingeräumt wurde und kein zwingender Kündigungsschutz umgangen wird, d. h. das Äquivalenzgefüge des Arbeitsverhältnisses unverändert bleibt.[157] Das Bundesarbeitsgericht sah daher z. B. die Teilkündigung einer Pauschalierungsabrede zu bestimmten Vergütungsbestandteilen als wirksam an, wenn hierdurch nur die Zahlungsmodalitäten und nicht der Anspruch als solches betroffen war.[158] Bereits in seinen früheren Entscheidungen hatte das Bundesarbeitsgericht im Zusammenhang mit der Zulässigkeit der Teilkündigung insbesondere auch solche Tatbestände diskutiert, die – ohne Vereinbarung – dem Direktionsrecht des Arbeitgebers unterliegen.[159]

Aus den Wertungen des Bundesarbeitsgerichts zur Zulässigkeit der Teilkündigung sollte gefolgert werden können, dass eine solche ausnahmsweise dann zulässig ist, wenn sie in der vertraglichen Absprache zwischen Arbeitgeber und Arbeitnehmer gesondert vereinbart wurde und Gegenstände betrifft, die – ohne die getroffene Vereinbarung – ohnehin dem Direktionsrecht des Arbeitgebers unterliegen würden, sodass eine Teilkündigung das Äquivalenzgefüge des Arbeitsverhältnisses nicht stört und das Arbeitsverhältnis lediglich in den ursprünglichen Zustand zurückversetzt wird.

Der Vorbehalt einer Teilkündigung in einer gesonderten Vereinbarung zur mobilen Arbeit bzw. zum Homeoffice sollte auch in Formulararbeitsverträgen zulässig sein und nicht gegen die Vorgaben der §§ 305 ff. BGB verstoßen. Nach § 308 Nr. 4 BGB ist in Allgemeinen Geschäftsbedingungen insbesondere die Vereinbarung eines Rechts des Verwenders unwirksam, die

---

[157] BAG vom 23.03.2011 – 10 AZR 562/09, DB 2011, 1926.
[158] BAG vom 18.05.2017 – 2 AZR 721/16, NZA 2017, 1195.
[159] BAG vom 23.03.2011 – 10 AZR 562/09, DB 2011, 1926.

versprochene Leistung zu ändern oder von ihr abzuweichen, wenn nicht die Vereinbarung der Änderung oder Abweichung unter Berücksichtigung der Interessen des Verwenders für den anderen Vertragsteil zumutbar ist. In seiner Entscheidung vom 18.05.2017 zur Teilkündigung einer Pauschalierungsabrede ging das Bundesarbeitsgericht von einer Zumutbarkeit aus.

Der Begriff der Zumutbarkeit in § 308 Nr. 4 BGB verlangt eine Abwägung zwischen den Interessen des Klauselverwenders an der Möglichkeit einer Änderung seiner Leistung und denen des anderen Vertragsteils an deren Unveränderlichkeit. Die Zumutbarkeit einer Leistungsänderungsklausel ist zu bejahen, wenn die Interessen des Verwenders die für das jeweilige Geschäft typischen Interessen des anderen Vertragsteils überwiegen oder ihnen zumindest gleichwertig sind. Das setzt eine Fassung der Klausel voraus, die nicht zur Rechtfertigung unzumutbarer Änderungen dienen kann, und erfordert im Allgemeinen ferner, dass für den anderen Vertragsteil zumindest ein gewisses Maß an Kalkulierbarkeit der möglichen Leistungsänderungen besteht.

Nach Ansicht des Bundesarbeitsgerichts muss hierzu aber der Widerrufsgrund nicht ausdrücklich in der Vereinbarung benannt werden, um den Vorbehalt einer Teilkündigung im Formulararbeitsvertrag zu ermöglichen. Es würde ausreichen, wenn sich aus den Vertragsbedingungen ergeben würde, dass zukünftige tatsächliche Entwicklungen, die Auswirkung auf die gesonderte Vereinbarung haben können, zu berücksichtigen sind.[160]

---

[160] BAG vom 18.05.2017 – 2 AZR 721/16, NZA 2017, 1195.

Hinweis

Ob der Vorbehalt einer gesonderten Kündigungsmöglichkeit (allein) bezüglich der Vereinbarung über mobile Arbeit bzw. die Arbeit im Homeoffice zulässig ist, wurde explizit bisher höchstrichterlich nicht entschieden. Nach den jüngeren Tendenzen in der Rechtsprechung sollte eine solche Regelung aber möglich sein, insbesondere wenn zusätzlich ein Versetzungsvorbehalt vereinbart wurde, aus dem sich der Willen der Parteien ergibt, auf zukünftige Veränderungen der Umstände reagieren zu können.

Die Bedingungen des Arbeitsverhältnisses können einseitig durch den Arbeitgeber (und auch den Arbeitnehmer) durch **Änderungskündigung** beeinflusst werden. Technisch stellt die Änderungskündigung eine Beendigungskündigung zum bisherigen Vertragsverhältnis mit einem gleichzeitigen Angebot dar, den Arbeitsvertrag unter geänderten Bedingungen fortzusetzen.

Für die Änderungskündigung gelten daher die Kündigungsfristen, z. B. nach § 622 BGB, die auch für die Beendigung des Arbeitsverhältnisses zu beachten wären. Zur Berechnung der Kündigungsfristen ist dabei nicht isoliert auf die Dauer der Homeoffice-Vereinbarung abzustellen, sondern auf die Betriebszugehörigkeit insgesamt.

Fällt der Betrieb des Arbeitgebers unter den allgemeinen Kündigungsschutz nach dem Kündigungsschutzgesetz, d. h. beschäftigt der Arbeitgeber regelmäßig mehr als zehn Arbeitnehmer (ohne die zu ihrer Berufsausbildung Beschäftigten) und bestand das Arbeitsverhältnis im Zeitpunkt der (Änderungs-) Kündigung bereits über sechs Monate, wäre die Änderungskündigung nur wirksam, wenn sie sozial gerechtfertigt im Sinne von § 1 KSchG ist. Hierfür müssen Gründe in der Person oder im Verhalten des Arbeitnehmers vorliegen oder die Änderungskündigung aus dringenden betrieblichen Erfordernissen gerechtfertigt sein.

Gründe in der Person des Arbeitnehmers werden in der Praxis selten sein, etwa wenn der Arbeitnehmer aufgrund seiner Persönlichkeit nicht in der Lage ist, seine Arbeit im Homeoffice vernünftig zu leisten.[161] Denkbar wäre eventuell eine personenbedingte Änderungskündigung aufgrund eines Umzugs des Arbeitnehmers, wenn danach ein bisheriges Homeoffice wegen der Wohnsituation nicht mehr möglich wäre.

Weit häufiger kann ein Fall der **verhaltensbedingten Änderungskündigung** erfüllt sein, wenn Pflichtverletzungen im konkreten Zusammenhang mit der mobilen Arbeit oder dem Homeoffice vorliegen und der Arbeitnehmer die Pflichtverletzungen trotz vorheriger Abmahnung nicht abstellt. Denkbar wären hier z. B. Verstöße gegen Vorgaben des Arbeitgebers zur Arbeitszeit, gegen die zwingenden Regelungen des Arbeitszeitgesetzes (etwa die Nichteinhaltung der Ruhezeit) oder gegen Vorgaben zur Einhaltung des Datenschutzes. Wurde (echte) Telearbeit vereinbart, kann eine verhaltensbedingte Änderungskündigung auch veranlasst sein, wenn der Arbeitnehmer den vertraglich vereinbarten Zutritt (des Arbeitgebers oder z. B. auch des Betriebsrats) nicht gewährt.

Betriebsbedingte Gründe für eine Änderungskündigung zur Beendigung mobiler Arbeit sind denkbar, wenn der Arbeitgeber eine Organisationsentscheidung trifft, sämtliche oder bestimmte Arbeiten nicht mehr im Homeoffice oder in mobiler

---

[161] Der Arbeitgeber ist für das Vorliegen der Kündigungsgründe darlegungs- und beweispflichtig, was in derartigen Konstellationen aufgrund der regelmäßig subjektiven Einschätzung des Arbeitgebers in der Praxis äußerst schwierig ist.

Arbeit durchzuführen. Derartige Unternehmerentscheidungen sind durch die Arbeitsgerichte grundsätzlich nicht auf ihre Zweckmäßigkeit hin zu prüfen, sondern nur ob sie in der Praxis möglich sind (z. B. ob überhaupt ausreichende Arbeitsplätze zur Beschäftigung sämtlicher Mitarbeiter an der Betriebsstätte vorhanden sind) und tatsächlich umgesetzt werden. Im Übrigen sind solche Unternehmerentscheidungen nur auf Willkür überprüfbar. Eine Unternehmerentscheidung zu einem Organisationskonzept wird aber regelmäßig nur dann vorliegen, wenn hiervon sämtliche Arbeitnehmer oder zumindest bestimmte Gruppen betroffen sind, nicht jedoch, wenn die Änderungskündigung nur einen einzigen Arbeitnehmer betrifft (es sei denn, es ist der einzige Arbeitnehmer in mobiler Arbeit).

3.3.4 Befristung der Homeoffice-Vereinbarung

Nach den Vorgaben in §§ 14 ff. TzBfG kann das Arbeitsverhältnis insgesamt mit oder auch ohne Sachgrund unter bestimmten Voraussetzungen wirksam befristet werden. Keine Regelungen enthält das Teilzeit- und Befristungsgesetz dazu, ob auch einzelne Vertragsbedingungen wie etwa mobile Arbeit befristet vereinbart werden dürfen.

Das Bundesarbeitsgericht hat sich in einigen Entscheidungen zur Zulässigkeit der Befristung einzelner Vertragsbedingungen geäußert. Es betont dabei stets, dass für die Befristung einzelner Arbeitsbedingungen nicht die strengen Voraussetzungen des Teilzeit- und Befristungsgesetzes eingehalten werden müssen. Trotzdem sind Befristungen einzelner Arbeitsbedingungen nicht schrankenlos zulässig, auch wenn sie grundsätzlich erlaubt sind. Die Zulässigkeit richtet sich aufgrund der Vorformulierung und ihrer Qualifikation als Allgemeine Geschäftsbedingungen nach der allgemeinen Angemessenheitskontrolle nach

§ 307 Abs. 1 BGB.[162] Die Angemessenheitsprüfung erfolgt unter Einbeziehung aller Umstände des Einzelfalles sowie unter Abwägung der jeweils bestehenden Interessen, soweit diese rechtlich beachtlich sind.

Liegt für die Befristung einzelner Vertragsbedingungen sogar ein Sachgrund im Sinne von § 14 Abs. 1 Satz 2 TzBfG vor, wird die Angemessenheit der Befristung einzelner Arbeitsvertragsbedingungen regelmäßig indiziert. Ist dies nicht der Fall, kann gleichwohl bei entsprechenden Gesamtumständen des Falles eine Angemessenheit der Befristung bejaht werden.[163] Als Sachgrund kommen z. B. die Eigenart des Arbeitsverhältnisses im Sinne von § 14 Abs. 1 Nr. 4 TzBfG oder auch in der Person des Arbeitnehmers liegende Gründe im Sinne von § 14 Abs. 1 Nr. 6 TzBfG in Betracht.

Kritisch sieht die Rechtsprechung die Befristung einzelner Vertragsbedingungen, wenn diese die im Synallagma (Gegenseitigkeitsverhältnis) des Arbeitsverhältnisses stehenden Hauptleistungspflichten betrifft. Soll z. B. eine befristete Aufstockung der Arbeitszeit in erheblichem Umfang erfolgen, müssen Gründe vorliegen, die die Befristung eines Arbeitsvertrages insgesamt nach den Sachgründen in § 14 Abs. 1 TzBfG rechtfertigen würden.[164] Bei Vereinbarungen zum Arbeitsort sind aber gerade nicht die synallagmatischen Hauptleistungspflichten betroffen, sodass eine Befristung der Vereinbarung auch außerhalb der Fallgruppen des § 14 Abs. 1 TzBfG zulässig sein sollte.

Da das Teilzeit- und Befristungsgesetz aufgrund des eindeutigen Wortlauts in § 14 TzBfG (Befristung eines Arbeitsverhältnis-

---

[162] Siehe zur Allgemeinen Geschäftsbedingungen bei arbeitsvertraglichen Absprachen, →*Kapitel 3.2.2.*

[163] BAG vom 25.04.2018 – 7 AZR 520/16, NZA 2018, 1061.

[164] BAG vom 23.03.2016 – 7 AZR 828/13, DB 2016, 1881.

ses) keine Anwendung findet, bedarf die Befristung einer Vereinbarung zum mobilen Arbeiten auch nicht der in § 14 Abs. 4 TzBfG vorgeschriebenen Schriftform. Ebenso wenig müssen die Gründe für die Befristung in der Vereinbarung angegeben werden. Das für Formulararbeitsverträge geforderte Transparenzgebot ist gewahrt, wenn die Befristungsabrede als solche klar und unmissverständlich ist.[165]

---

[165] BAG vom 02.09.2009 – 7 AZR 233/08, DB 2009, 2439.

4 Remotearbeit (Homeoffice, mobiles Arbeiten, Telearbeit) in der Praxis

4.1 Führung

Natürlich gibt es eine Vielzahl von prozessualen Fragen, welche Tätigkeiten und Prozesse des Unternehmens generell über eine virtuelle Zusammenarbeit möglich sind und wie entsprechende Online-Prozesse gestaltet werden müssen. Im folgenden Kapitel wird jedoch vor allem der Aspekt Führung von Remote-Teams intensiver beleuchtet. Denn unabhängig von der Gestaltung wertschöpfender oder unterstützender Unternehmensprozesse, ist die richtige Führung einer der wichtigsten Erfolgsfaktoren für Remotearbeit überhaupt. Unter dem Begriff „Remotearbeit" werden die im →*Kapitel 1.1* definierten Begriffe „Homeoffice", „mobiles Arbeiten" sowie „Telearbeit" im Folgenden der Einfachheit halber gebündelt.

4.1.1 Die Angst der Führungskräfte vor einem Kontrollverlust

Führungskräfte, die erstmals mit remote arbeitenden Mitarbeitern zu tun haben, klagen häufig darüber, dass sie jetzt ja nicht mehr wissen, was ihre Teammitglieder im Homeoffice alles machen und ob sie denn „überhaupt ordentlich arbeiten".

Solche Gedanken sagen in der Regel deutlich mehr über die Führungskraft selbst aus als über die Mitarbeitenden in Remote-Arbeit. Sie zeugen von einem grundlegenden Misstrauen. Der MIT Professor Douglas McGregor entwickelte schon 1960 die Führungsphilosophie Theorie X und Y. Dabei gehen Anhänger der X-Theorie davon aus, dass Menschen von Natur aus faul sind und versuchen Arbeit aus dem Weg zu gehen. Umgekehrt gehen Führungskräfte nach der Y-Theorie davon aus, dass Menschen eine intrinsische Arbeitsmotivation besitzen, geprägt von Verantwortungsbewusstsein.

Beide Denk- und Verhaltensweisen von Führungskräften erzeugen oft „selbsterfüllende Prophezeiungen". Denn wenn Führungskräfte davon ausgehen (X-Theorie), dass sie stark transaktional führen müssen, also über Anweisung und Kontrolle hinsichtlich einzelner Arbeitsschritte und Ergebnisse, werden die Angewiesenen tendenziell darauf entsprechend reagieren: Sie müssen nicht mehr eigenständig Denken und Entscheiden, da sie diese Aufgabe der Führungskraft zuschreiben.

Umgekehrt erziehen Führungskräfte nach der Y-Theorie eigenständig denkende und (bis zu einem gewissen Grad) entscheidende Mitarbeitende. In der Weiterentwicklung entstand die Theorie Z als eine Art Synthese, um die ansonsten eher zu stark polarisierenden Gegensätze abzumildern.

Was heißt das konkret?

Akzeptieren Sie als Führungskraft schnell eine mögliche Angst vor „Kontrollverlust". Seit der Breitennutzung von Social Media, in der Alle jederzeit selbst und ungesteuert kommunizieren können, verlieren auch klassische Führungsbeziehungen an Einfluss. Zumindest bestehen für Arbeitnehmer zahlreiche Möglichkeiten über Arbeitgeberbewertungsportale wie kununu, glassdoor oder meinchef.de Dritten und aller Welt Auskunft über das von ihnen wahrgenommene Führungsverhalten zu geben.

Darüber hinaus gehen moderne Leadership-Theorien davon aus, dass Menschen echten Leadern freiwillig folgen (Followership) unabhängig von formalen oder hierarchischen Machtstrukturen.

Es gilt das Motto: „Kontrolle aufgeben, Führung behalten".

4.1.2 Transaktionale Führung versus transformationale Führung

Transaktionale Führung meint die eher sachlich nüchterne Übereinkunft zwischen Arbeitgeber und Arbeitnehmern über einen Austausch von Leistung gegen Leistung (Entgelt). Dabei erfolgt die Motivation der Arbeitnehmer insbesondere durch die Erwartungshaltung gegenüber dem Arbeitgeber, für die Arbeit bezahlt beziehungsweise zusätzlich „belohnt" zu werden, zum Beispiel über Bonuszahlungen.

Basis für dieses vom amerikanischen Soziologen James Downtown 1973 entworfenen und durch James MacGregor Burns im Anschluss weiterentwickelten Führungsprinzips ist

- eine klare und operationalisierte Definition von Zielen (sog. Management by Objectives) und

- ein Delegieren von Aufgaben, verbunden mit einem extrinsischen Motivationsanreiz.

Transformationale Führung hingegen erzeugt vor allem eine intrinsische Motivation bei Mitarbeitenden. Dieser Führungsstil verfolgt die Absicht, dass sich Beschäftigte aus innerer Verbundenheit gegenüber dem Unternehmen und der Führungskraft für diese und dessen Ziele einsetzen. Der Begriff geht auf den Gedanken zurück, dass die Einstellungen und Werte der Mitarbeitenden transformiert werden und sich auf die Unternehmensvision als sinnstiftenden Grundgedanken ausrichten.

Transformationale Führung erreicht diesen Effekt insbesondere mit den folgenden Elementen[166]:

- inspirierende Motivation,

- idealisierter Einfluss,

---

[166] *de.wikipedia.org/wiki/Transaktionale_Führung* (Stand: 10.05.2021).

- intellektuelle Stimulierung und

- individuelle Berücksichtigung.

Grundvoraussetzungen für erfolgreiche transformationale Führung ist dabei die eigene Vorbild-Funktion der Führungskräfte sowie professionelle Selbstführung.

4.1.3 Selbstführung und Vorbildfunktion der Führungskräfte

Ein wichtiger und oft im Rahmen von Führungstheorien vergessener Punkt ist das Thema Selbstführung, auch Selbstmanagement genannt.

Was ist Selbstführung oder Selbstmanagement?

Laut Wikipedia bezeichnet der Begriff Selbstmanagement „(...) die Kompetenz, die eigene persönliche und berufliche Entwicklung weitgehend unabhängig von äußeren Einflüssen zu gestalten. Dazu gehören Teilkompetenzen wie zum Beispiel selbständige Motivation, Zielsetzung, Planung, Zeitmanagement, Organisation, Lernfähigkeit und Erfolgskontrolle durch Feedback.[167]"

In dem Wissen, dass guten Führungskräften eine herausgehobene Vorbild-Funktion mit Blick auf die Mitglieder der durch sie geführten Organisationseinheit zukommt, ist Selbstmanagement bzw. Selbstführung eine wesentliche Grundvoraussetzung.

Das bedeutet umgekehrt: Wer als Führungskraft diese autonome Selbststeuerungsfähigkeit nicht aufweist oder sich dauerhaft damit schwertut, hat schlechte Ausgangsvoraussetzungen für Remote Führung.

---

[167] *de.wikipedia.org/wiki/Selbstmanagement* (Stand: 10.05.2021).

4.1.4 Befähigung zur Selbstorganisation/Job Crafting

Ein noch relativ neuer Begriff in diesem Zusammenhang ist Job Crafting.

Job Crafting ist[168] das aktive und individuelle Gestalten der eigenen Arbeit. Hierbei bemühen sich Berufstätige aus innerer Motivation heraus, die Arbeit selbstständig umzugestalten und zu verbessern. Art und Gelingen dieses Prozesses hängt von der Persönlichkeitsstruktur der Berufstätigen ab, darunter Neigungen, Eigeninitiative und Selbstvertrauen.

Schon aus der Definition geht hervor, dass im Bereich der Arbeitsverteilung deutlich stärker auch darauf geachtet werden muss, dass Mitarbeitenden nicht nur an Aufgaben arbeiten, für die sie generell bereits qualifiziert (persönlich und fachlich „geeignet") sind. Vielmehr müssen auch persönliche Neigungen, sog. Arbeitspräferenzen, erkannt und genutzt werden. Sollten Arbeitnehmern beispielsweise kreative Tätigkeiten sehr liegen, aber der bisherige Einsatzbereich diese kaum abverlangen, könnten Aufgaben anders verteilt und die betreffende Person notfalls auch nach-/weiterqualifiziert werden.

Insofern fordert das Stärken von Job Crafting deutlich mehr als den oberflächlichen Blick auf die Person und deren derzeitigen Aufgaben. Ansatzpunkte und Hebel für Optimierungen hingegen sind auch:

■ Anpassung des Aufgabengebiets,

■ Veränderung der Arbeitsbeziehungen, also bei der Zusammenarbeit mit anderen und

■ Veränderung der subjektiven Wahrnehmung der Arbeit.

---

[168] *de.wikipedia.org/wiki/Job_Crafting* (Stand: 10.05.2021).

Praxis-Beispiele, wie Mitarbeitende Führungskräfte als positive Vorbilder wahrnehmen können:

- Strukturierter und weitgehend transparenter Tagesablauf,

- auf Work-Life-Balance optimierter Zeiteinsatz,

- fest definierte Zeiten von Feierabend und Nicht-Erreichbarkeit und

- Erholungszeiten sowie Zeiten sportlicher Betätigung werden sichtbar gemacht.

Für den Arbeitsalltag bedeutet das: Es geht nicht darum, dass Führungskräfte jederzeitige Einsatzbereitschaft rund um die Uhr signalisieren. Vielmehr wirken Führungskräfte deutlich souveräner, wenn sie zeigen und darauf hinweisen, dass beispielsweise ein Meeting zum Zeitpunkt X beendet sein sollte, damit sie ihre tägliche Joggingsession durch den Wald nicht verpassen. Ein solches Verhalten strahlt auch positiv auf die Team-Mitglieder aus, die sich hieran orientieren können.

4.1.5 Enabling und Förderung von Autonomie versus „Überwachung und Kontrolle"

Was neudeutsch als „Enabling" oder auch Befähigen von Mitarbeitenden bezeichnet wird, ist für einige eher hierarchisch orientierte Führungskräfte eine große Herausforderung. Viele leben noch den Grundsatz „Vertrauen ist gut. Kontrolle ist besser." Eine solche Haltung, auch Mindset genannt, wirkt jedoch spürbar kontraproduktiv.

Autonomie bedeutet nicht Anarchie!

Es geht dabei jedoch nicht um Regellosigkeit. Im Gegenteil. Auf Basis klarer, transparenter und gegenseitig akzeptierter Absprachen sowie Rahmenbedingungen, kann starkes Vertrauen der Führungskräfte in die Beschäftigten wachsen.

Vermeiden Sie in jedem Fall sog. Micro-Management. Dieses Einmischen in sehr operative Tätigkeiten, z. B. eine systematische Rechtschreibfehler-Korrektur, unerbetene Formulierungsvorschläge sowie konkrete Anweisungen zur präferierten Vorgehensweise bei der Aufgabenbearbeitung von Mitarbeitenden, spiegelt in der Regel mangelndes Vertrauen in die Teammitglieder wider. Selbst wenn Führungskräfte hier in bester Absicht und vorwiegend unterstützend aktiv werden wollen – entscheidend ist, wie dies die Beschäftigten wahrnehmen. Und hier kann ein gut gemeinter Hilfs- oder Unterstützungswille sehr schnell als tiefgreifender Vertrauensmangel interpretiert werden.

Natürlich stellt sich dabei die Frage, wie viel Kontrolle trotzdem sinnvoll und erlaubt ist.

4.1.6 Arbeitszeit versus Arbeitsergebnisse

Im Rahmen von Remote-Führung ohne häufige physische Anwesenheit müssen Führungskräfte ihren Fokus von der Input-Fokussierung (Arbeitszeit, Kapazitätsinvest) auf das Output (Arbeitsergebnisse) schwenken.

Konkret bedeutet das, die Sichtweise von Führungskräften vor allem in Richtung „Wie sieht das von den Mitarbeitenden gewünschte Arbeitsergebnis aus?" (WAS), „Wann wird es benötigt?" (WANN)? und vor allem „Warum bzw. wofür ist es wichtig?" (WOZU) zu schärfen. Die Frage nach dem Weg zur Zielerreichung (WIE) hingegen sollte tendenziell in den Autonomiebereich der Mitarbeitenden fallen.

Allerdings gelten hier mit Blick auf die benötigte Arbeitszeit sowie deren Lage einige rechtliche Rahmenbedingungen, zum Beispiel das Arbeitszeitgesetz oder auch Tarif- oder Betriebsvereinbarungen. Mehr dazu in →*Kapitel 2.1.*

4.1.7 Feste Regeln/transparenten Prozesse versus Flexibilität

Mitarbeitende arbeiten vor allem dann motiviert und zielgerichtet, wenn neben den oben genannten Punkten, auch Prozesse und Rahmenbedingungen klar definiert sind. Denn Klarheit erzeugt Sicherheit.

Gerade im Zusammenhang mit Remote-Arbeit sollten insbesondere folgende Punkte geklärt werden:

4.1.7.1 Kurze Abwesenheiten von der Tastatur

Arbeit im Homeoffice oder remote bedeutet – analog klassischer Büroarbeit – keine Dauerproduktivität über viele Stunden. Die besondere Herausforderung bei Zusammenarbeit und Führung auf Distanz ist, dass nicht sichtbare Aktivitätslevel, Antwortverzug oder temporäre telefonische Nichterreichbarkeit schnell zu Missverständnissen führen können. Führungskräfte oder Teammitglieder werden unruhig und fragen sich, was das virtuelle Gegenüber denn in diesem Moment gerade tue. Und natürlich, weshalb er oder sie gerade nicht erreichbar ist innerhalb der Arbeitszeit.

Definieren Sie also gemeinsam vorab, wie Abwesenheiten von der Tastatur gelebt werden sollen. Insbesondere, ob es einer kurzen Abwesenheitsmeldung bedarf. Diese kann beispielsweise während einer virtuellen Konferenz über eine Chat-Nachricht mit dem Kürzel „afk" für „away from keybord" (Deutsch: „(Kurz) weg von der Tastatur") erfolgen. Möglicherweise kommen jedoch auch Status-Buchungen in einem gemeinsamen Kalender „abwesend" oder das Schalten einer digitalen Mitteilung (Ampel-Systeme oder temporärer Abwesenheitsassistenten) in Frage.

Das Wichtigste dabei: Die Regelungen sollten einheitlich und bestenfalls für alle Beteiligten gleichermaßen gelten, um Missverständnisse zu vermeiden.

4.1.7.2 Arbeitszeiträume und Offline-Zeiten

Neben kurzen Abwesenheiten sollte die Lage der individuell möglichen Arbeitszeiten geklärt sein. Dazu gehört auch eine Definition eines Feierabends beziehungsweise von bewussten (und akzeptierten!) Offline-Zeiten.

Insbesondere in Pandemiezeiten fallen eine Reihe zusätzlicher Verpflichtungen an, wie etwa das Homeschooling durch Eltern schulpflichtiger Kinder oder auch eingeschränkte Bring- und Abholzeiten von Kindergärten und Krippen.

Mit Blick auf die Vorbildfunktion der Führungskräfte, sollten solche Arbeitszeiträume und Offlinezeiten stringent vorgelebt und eingehalten werden. Unterschätzen Sie niemals die Wirkung von Arbeitsaufträgen oder Anfragen, die von einer Führungskraft an Mitarbeitende beispielsweise zu später Nachtstunde gesendet werden.

Virtuelle Arbeit ermöglicht einerseits eine gefühlt freiere Zeiteinteilung. Dies hat den Vorteil, dass die Arbeit dem eigenen Biorhythmus leichter angeglichen werden kann. Ohne notwendige Pendelzeiten kann beispielsweise länger ausgeschlafen werden oder eine frühmorgendliche Produktivzeit sofort genutzt werden. Allerdings besteht dabei auch die Gefahr, die eigenen Produktivitäts-Zeitfenster zu überschätzen. Denn Remote-Arbeit führt deutlich schneller zur Erschöpfung.

4.1.7.3   Service- und Antwortzeiten

Unbedingt abzusprechen sowie zu regeln ist die Erwartungshaltung an sog. Service- oder Antwortzeiten sowie das dafür zu
verwendende Medium. Hierbei geht es darum, Fehlinterpreta-
tionen des Verhaltens anderer zu vermeiden, die dadurch entstehen, dass die anfragende Person eine andere Person nicht
erreichen kann beziehungsweise diese vermeintlich nicht zeit-
gerecht antwortet.

Virtuelle Termine, seien es Videokonferenzen oder Audio-Chats
ermöglichen es, ohne große Transferzeiten von einem (virtuellen) Raum in den nächsten zu wechseln. Was einerseits ein großer Vorteil ist, bringt jedoch auch einige Nachteile mit sich. Unter anderem reihen sich solche virtuellen Termine häufig dicht
an dicht ohne Pause. Dabei wird unterschätzt, dass die übrig-
bleibenden Zeiten oftmals nicht ausreichen, um beispielsweise
eingehende Nachrichten (per E-Mail, via Social Media oder auch
über Telefon bzw. Handy) ausreichend schnell zu beantworten.
Ganz zu schweigen von Kreativzeit oder terminlichen Freiräu-
men für konzeptionelle beziehungsweise strategische Arbeiten.

Insbesondere Führungskräfte sollte sich dieser Tatsache bewusst sein und dafür sorgen, dass terminliche Lücken bewusst
gesetzt und eingehalten werden. Schon alleine aus Sicht eines
wirtschaftlich sinnvollen und produktiven Arbeitens. Über die
Themen Gesundheitsbelastung und Stress im Zusammenhang
mit virtueller Arbeit, erfahren Sie mehr in →*Kapitel 4.3*.

4.2 Kommunikation

Kommunikation ist generell ein herausforderndes Thema in Organisationen. Im Zusammenhang mit einer Remote-Zusammen-
arbeit vervielfältigen sich die zu beachtenden Punkte nahezu.
Dieses Kapitel soll Sie in die Lage versetzen, in Remote-Situati-

onen erfolgreicher zu kommunizieren und Risiken der virtuellen Kommunikation zu erkennen und bestenfalls zu vermeiden.

4.2.1 Zeitversetzte Online-Kollaboration durch asynchrone Kommunikation

Eine der größten Herausforderungen bei Remote-Arbeit ist der mögliche Zeitversatz in der Zusammenarbeit. Während bei gleichzeitiger Anwesenheit im Büro oder auf dem Betriebsgelände eine Vielzahl von Abstimmungen persönlich, direkt und live erfolgen können, bedeuten räumlich verteilte Arbeitsplätze immer mehr Online-Kollaboration.

Diese geht in der Regel einher mit entsprechenden Tools und Werkzeugen, zum Beispiel Kollaborations-Software, angepassten Prozessen und vor allem einer veränderten (asynchronen) Kommunikation.

In der Praxis hat es sich als sehr hilfreich erwiesen, den generellen Trend von der Push-, hin zur Pull-Kommunikation im Umfeld virtueller Zusammenarbeit noch deutlich zu beschleunigen. Konkret meint das, anstelle eines Zusendens von Informationen via E-Mail (PUSH) selbige zentral auf einem Laufwerk oder in einem entsprechenden Kollaborationstool bereit zu stellen. Die potenziellen Empfänger (sowie gegebenenfalls weitere Dritte) haben dann die Möglichkeit, die Informationen bei Bedarf jederzeit abzurufen (PULL). Dies ermöglicht eine asynchrone Kommunikation ohne das Verursachen einer zusätzlichen Flut an E-Mails oder Benachrichtigungen.

Bei konsequenter Verfolgung eines PULL-Ansatzes gelangen Sie am Ende auch zu einem deutlich stärkeren, weil aktiv gelebten Wissensmanagement. Dies hilft Ihnen insbesondere in Sondersituationen, wie dem Onboarden und der Einarbeitung neuer Teammitglieder (siehe auch →*Kapitel 4.5*).

4.2.2 Zeitgleiche Online-Kommunikation

Unabhängig von asynchronen Kommunikationssituationen bedarf es auch bei Remote-Arbeit einer zeitgleichen (digitalen) Kommunikation. Mit Blick auf die besonderen Herausforderungen bei virtueller Zusammenarbeit, sollten Führungskräfte sowohl die Quantität als auch die Qualität der Teamkommunikation fördern.

Eine „Mehr-Kommunikation" ist hierbei vermutlich die deutlich größere Herausforderung, da sowohl Führungskräfte als auch in Teams Arbeitende schon heute eine Vielzahl an kollektiven Kommunikationssituationen erleben. Bereits bei der Zusammenarbeit vor Ort in den Unternehmen klagt eine Vielzahl von Beschäftigten darüber, andauernd Zeit in Meetings, Besprechungen, Arbeitskreisen oder anderen betrieblichen Veranstaltungen zu verbringen.

Insofern ist der Hinweis auf eine quantitative Steigerung der Kommunikationsanlässe so zu interpretieren, dass – abseits klassischer Meetings mit einer Vielzahl von Teilnehmenden – vor allem die 1:1-Kommunikation zwischen Führungskraft und Mitarbeitenden erhöht wird. Dazu gleich mehr.

Insbesondere bei der Optimierung der Qualität der digitalen Kommunikation ist in der Praxis noch deutlich Luft nach oben. Hier einigen Tipps, wie Sie insbesondere Videokonferenzen effektiver gestalten können.

4.2.2.1 Praxistipps für erfolgreiche Videokonferenzen

Die Erfahrung hat gezeigt, dass Meetings in der Regel tatsächlich so lange dauern, wie sie angesetzt sind. Das bedeutet, dass zu wenig zeitliche Taktung schnell dazu führen kann, dass Themen nicht stringent genug bearbeitet werden und die Kommunikation „zerfleddert".

Setzen Sie in der Praxis also virtuelle Meetings wie Videokonferenzen statt für 60 Minuten lediglich für 45 Minuten an. Beginnen Sie beispielsweise um 10:05 Uhr, um trotz vorhergehender Termine noch ein kurzes Zeitfenster als Pause oder zur Vorbereitung zu ermöglichen. Enden Sie folglich pünktlich um 10:50 Uhr. So haben Sie einerseits noch etwas Puffer (nur in Ausnahmefällen in Anspruch nehmen!) und können ebenfalls zu Folgeterminen, beispielsweise mit Externen, einen zeitlichen Abstand schaffen. Wiederum für kurze Pausen, Vorbereitungen oder einfach den Wechsel des Kommunikationsmediums.

Legen Sie zu Beginn einer Videokonferenz fest, ob bzw. wann die Kamera ausgeschaltet werden kann und soll. Denn nicht immer ist eine laufende Kamera sinnvoll. Folgende Übersicht gibt Ihnen Einblicke, was es mit diesem Praxistipp auf sich hat:

Vorteile angeschalteter Videokameras

- Zusammengehörigkeits-/Teamgefühl,

- offene Kommunikation gibt Sicherheit,

- Reaktionen der Beteiligten auf Inhalte können zumindest einigermaßen gut eingeschätzt werden und

- Non-Verbale Signale wie Daumen-hoch oder das Zeigen von gedruckten Karten mit Emoticons oder Voting-Symbolen ist möglich.

Nachteile angeschalteter Videokameras

- Dauer-Beobachtungssituation,

- die Vielzahl der auf einmal wahrgenommenen Bewegungen strengt Auge und Gehirn deutlich stärker an als in einer offline Gesprächssituation in einem Meeting,

- stärkere Ablenkungsgefahr, v. a. bei unruhigen Hintergründen oder weiteren Personen sowie Haustieren im Bild,

- benötigtes Datenvolumen kann technische Qualität beeinträchtigen und

- höherer Stromverbrauch, Kosten.

Eine gute strukturierte Videokonferenz zeichnet sich darüber hinaus dadurch aus, dass die Teilnehmenden ihre Mikrofone stummschalten (engl.: muten), wenn sie gerade keinen eigenen Sprechbeitrag einbringen. Dies vermeidet technisch unschöne Rückkopplungen, Nachhall sowie zusätzliche Störgeräusche aus dem Umfeld der entsprechenden Teilnehmenden.

Wortmeldung sollten strukturiert erfolgen, beispielsweise indem die Hand-heben-Funktion in professioneller Videokonferenz-Software genutzt wird. Alternativ kann bei einer Vielzahl von Wortmeldungen der Chat für eine Reihenfolge der Wortmeldungen genutzt werden, indem die erste Person, die etwas sagen möchte, eine „1" tippt. Kommen weitere Wortmeldungen hinzu, tippt die nächste Person eine „2" usw. Gehen gleichzeitig Wortmeldungen ein, so entscheidet die Reihenfolge der gleichen Ziffern im Chat.

Auf diese Weise können Sie bereits eine Vielzahl von Situationen besser strukturieren.

Effektive Videokonferenzen haben stets eine Moderation sowie ein aktives Zeitmanagement. Erstere steuert das Erteilen von Wortmeldungen, zweite Person ist verantwortlich für die Einhaltung möglicher kurzer Pausen.

Eine Reihe von Videokonferenz-Tools bietet die Möglichkeit sog. Breakout-Sessions. Damit können zusätzliche (kleinere) virtuelle Räume geschaffen werden, die einen deutlich intensiveren Austausch zwischen den Beteiligten ermöglichen als eine Erarbeitung von Themen im Plenum.

In der Regel werden Videokonferenzen auch zur Themenbearbeitung, Strukturierung, Dokumentation sowie für Abstimmungen genutzt. Dabei ist es häufig notwendig auf zusätzliche Software-Tools auszuweichen beziehungsweise diese zu integrieren. Dies können beispielsweise Kanban- oder Conceptboards sein, Abstimmungstools oder Apps zur Visualisierung. Die Videokonferenz-Software dient in diesem Fall dazu, während der Bearbeitung die audiovisuelle Begegnung der Teilnehmenden aufrecht zu erhalten.

Ein zusätzlicher Praxistipp für virtuelle Abstimmungen ohne Zusatztools:

Abstimmungen unter den Teilnehmenden einer Videokonferenz können auch ohne zusätzliche digitale Hilfsmittel durchgeführt werden, indem beispielsweise das Anschalten einer Kamera „Zustimmung", das Ausschalten „Ablehnung" bedeutet oder umgekehrt. Auch kann die Kamera-An-Aus-Funktion für Abstimmungen mit Enthaltungsmöglichkeit oder die Abstimmung mehrerer Varianten genutzt werden. Hierbei werden die Entscheidungsvarianten nacheinander abgefragt. Kamera an bedeutet „Zustimmung zu dieser Variante". Teilnehmer, die bei keiner Variante ihre Kamera anschalten, würden in diesem Sinne als Enthaltungen gezählt.

4.2.3 Informelle Kommunikation gewinnt an Bedeutung

In der Regel funktioniert die zielgerichtete fachliche Zusammenarbeit im Rahmen von Remote Work oder via Arbeit im Homeoffice nach einer gewissen Zeit sehr gut. Dies liegt daran, dass sich die formale Kommunikation vergleichsweise leicht virtualisieren lässt. Deutlich schwieriger ist das im Bereich der informellen Kommunikation.

Dort wo bei gleichzeitiger Anwesenheit im Unternehmen sich häufige Begegnungen auf den Fluren, am Kaffeeautomaten, in den Raucherzonen oder beim Mittagessen ergeben, fehlen diese in der virtuellen Zusammenarbeit auf Distanz komplett. Ein Großteil der aktiv gelebten Unternehmenskultur speist sich jedoch genau aus diesen eher informellen und zusätzlichen Zusammenkünften unter Beschäftigen. Der häufig auch als „Flurfunk" bezeichnete informelle Austausch zwischen Menschen in einem Unternehmen ist von so hoher Bedeutung, dass Führungskräfte mittlerweile versuchen, auch diese Art der Kommunikation virtuell zu ermöglichen.

Nicht-fachlichen Austausch ermöglichen

Wie also kann informelle Kommunikation oder gar die Möglichkeit von Zufallsbegegnungen (sog. Serendipity) auch bei virtueller Zusammenarbeit stimuliert und gefördert werden?

Neben klassischen fachlichen Meetings per Videokonferenz, lassen sich eine Reihe von zusätzlichen virtuellen Begegnungen einrichten. Viele Unternehmen nutzen dazu vor allem Randzeiten zum informellen Austausch. Dies könnten sog. „Dailys" sein, also täglich stattfindende Morgengespräche, gemeinsame Mittag- oder Abendessen vor den Bildschirmen, das virtuelle Feierabendbier oder auch digitale After Work Zusammenkünfte außerhalb eines fachlichen Austausches.

Generell sind der Phantasie nur wenig Grenzen gesetzt. Allerdings hat die Praxis gezeigt, dass insbesondere gemeinsames Essen vor der Kamera nicht immer gewünscht ist oder appetitlich aussieht.

Deutlich erfolgreicher sind abendliche Zusammenkünfte zum virtuellen Anstoßen. Der gemeinsame Konsum von Alkohol kann natürlich ein positiv verbindendes Gemeinschaftselement sein, muss aber auch zur Unternehmenskultur passen.

Unbedingt beachtet werden sollte bei solchen informellen Terminen außerhalb der Arbeitszeit, dass insbesondere Eltern mit kleineren Kindern möglicherweise gerade anderweitig eingebunden sind und daher nicht teilnehmen können. Insofern bietet sich für derartige Social Events ein wechselndes Zeitfenster an (morgens/mittags/abends).

Für Highlights spezialisierte Event-Dienstleister nutzen

Eine Reihe von Dienstleistern bietet zudem für virtuelle Teams spezielle gemeinschaftsfördernde Online-Events an. Beginnend mit Cocktailabenden oder virtuellen Weinproben, bei denen die Teilnehmenden im Vorfeld alle benötigen Zutaten nach Hause geliefert bekommen, über Weihnachtsfeiern, virtuelle gemeinsame Konzertbesuche, Escape-Rooms und Partys, bis hin zu Spieleabenden per Videokonferenz und Smartphone.

Zufallsbegegnungen simulieren

In einer nochmals gesteigerten Variante können Unternehmen auch digitale Spielwelten mit Avataren nutzen, um sich dort zu bewegen und auch mit Dritten (zufällig) in Kontakt zu kommen.

Nach einem ähnlichen, aber deutlich weniger aufwendigen Prinzip funktionieren Systeme, bei denen in Unternehmen zufällig Menschen zu sog. Workdates oder Lunchdates miteinander verbunden werden. Gerade in Pandemiezeiten, bei denen der zwischenmenschliche Austausch deutlich zu kurz kommt, boomen solche Online-Tools.

4.2.4 Vertrauen in Teams fördern

Der Faktor Vertrauen spielt im Rahmen von Zusammenarbeit auf Distanz eine große Rolle.

Wobei der Begriff Teamvertrauen nicht ganz einfach zu definieren ist.

Teamvertrauen bedeutet die geteilte Bereitschaft aller Teammitglieder, hinsichtlich der für das Team wichtigen Handlungen der Teamkollegen Schwächen zu zeigen und auch Fehler einzugestehen, ohne dabei negative Konsequenzen der Anderen erwarten zu müssen.

Breuer und Hertel haben bei ihren Forschungsarbeiten aus dem Jahr 2016[169] folgende Komponenten identifiziert, die einen maßgeblichen Einfluss auf das gefühlte Teamvertrauen haben:

- Kompetenz,
- Wohlwollen,
- Integrität,
- Transparenz und
- Persönliche Vertrauensneigung.

Die Teammitglieder wollen sich darauf verlassen können, dass sie mit Expertinnen und Experten zusammenarbeiten. Dass diese untereinander wohlwollend und kollegial miteinander umgehen, sich gegenseitig unterstützen und helfen und dabei integere Persönlichkeiten besitzen. Die bekannten, aber auch neuen Prozesse der Kollaboration müssen bekannt und transparent sein sowie tatsächlich funktionieren.

---

[169] Breuer, C., Hüffmeier, J., & Hertel, G. (2016) Does trust matter more in virtual teams? A meta-analysis of trust and team effectiveness considering virtuality and documentation as moderators. Journal of Applied Psychology, 101(8), 1151–1177.

In virtuellen Teams entwickelt sich dieses Teamvertrauen jedoch nur deutlich schwieriger beziehungsweise langsamer. Insofern sollten Führungskräfte den Mitarbeitenden unbedingt in ausreichendem Maße Vertrauen schenken, um ihrerseits das Teamvertrauen zu stärken.

Auch wenn generell die Empfehlung zu ablenkungsfreien Hintergründen bei Videokonferenzen geht: Private Elemente, wie beispielsweise witzige Kaffeetassen oder von Kindern gemalte Bilder im Hintergrund verleihen der Atmosphäre etwas Privateres. Führungskräfte wirken damit nahbarer und häufig vertrauenswürdiger als bei Hochglanz-Hintergründen im Design der Unternehmensmarke.

Gleiches gilt übrigens auch für Humor. Unterschätzen Sie diese Komponente im Business-Umfeld nicht. Gemeinsames Lachen stärkt auch das Vertrauen ineinander. Verwenden Sie aber bei schriftlicher Kommunikation wie Chats unbedingt auch Emojis an Stellen, bei denen dies sinnvoll ist. Insbesondere bei Ironie oder Humor eignen sich die kleinen Smileys, um den getippten Worten den richtigen Kontext zu geben. Genau hierfür wurden sie erfunden und sind zwischenzeitlich auch Bestandteil der Business-Kommunikation (vor allem via Social Media oder beim Instant Messaging).

In Summe geht es beim Teamvertrauen auch um die Steigerung des sog. Selbstwirksamkeitserlebens, also den Glauben an die eigenen Fähigkeiten zur Selbstführung aller Beteiligten bei der Remote-Arbeit.

Einher geht das Teamvertrauen mit dem Vertrauen in den Arbeitgeber.

4.2.5   Vertrauen in den Arbeitgeber stärken

Arbeiten auf Distanz sorgt neben einer tatsächlich vorhandenen „Kontaktarmut" zusätzlich für eine empfundene Distanz vom Arbeitgeber und den Vorgängen im Unternehmen. Gerade in Krisenzeiten entstehen Ängste und Sorgen durch die Unwissenheit, wie es mit dem Arbeitgeber sowie dem eigenen Arbeitsplatz weitergehen wird.

Daher sollten Führungskräfte systematisch dafür Sorge tragen, dass das Vertrauen in die Stabilität des Arbeitgebers genährt wird. Dies kann beispielsweise über eine offene und transparent dokumentierte fortlaufende Information über die Geschäftsentwicklung, das Business, die Lage in anderen Bereichen usw. erfolgen. Positive Nachrichten – natürlich nur, sofern tatsächlich vorhanden – können hierbei nicht nur Vertrauen aufbauen, sondern ebenso einen positiven Energie- und Motivationsschub auslösen.

4.2.6   Feedback/Retrospektive

4.2.6.1   Retrospektiven

Ein nicht zu unterschätzendes Instrument beim Führen von Remote-Teams ist Feedback. Was in agil arbeitenden Organisationen schon Standard ist, hält nun auch bei vielen auf Distanz arbeitenden Unternehmen Einzug: Retrospektiven.

Retrospektiven sind regelmäßige Zusammenkünfte von Teams, um konstruktiv-kritisch auf Arbeitsergebnisse, Prozesse und die Zusammenarbeit insgesamt zu blicken.

Ziel dabei ist es

- Teamergebnisse kontinuierlich zu verbessern,

- die Zusammenarbeit zu optimieren,

- Möglichkeiten zu geben, Gedanken, Kritik, Ängsten usw. systematisch Raum zu geben,

- über Offenheit das Vertrauen zu stärken und

- letztlich Teams weiter zu entwickeln.

Als hilfreich hat es sich erwiesen, solche Retrospektiven durch eine Person außerhalb des Teams moderieren zu lassen, die sich inhaltlich aus der Diskussion heraushält. Diskutierte Inhalte sollten zudem immer möglichst konkret sein, um reine „Jammerstunden" zu vermeiden.

4.2.6.2 Feedback

Darüber hinaus kommt auch dem (wechselseitigen) Feedback bei Remote-Arbeit eine besondere Bedeutung zu. Immer dann, wenn Führungskräfte räumlich von ihren Teams entfernt sind, bedarf es eines zusätzlichen Fokus auf die Rückmeldung bezogen auf die Arbeitsergebnisse Einzelner.

Generell sollten Führungskräfte regelmäßig (keinesfalls nur einmal oder zweimal pro Jahr) Mitarbeitenden Feedback geben. Feedback sollte dabei nicht ausschließlich mit Leistungsbeurteilung einhergehen, weil solche Rückmeldungen deutlich mehr Zwecke erfüllen:

Professionelles Feedback bietet Sicherheit, stärkt Vertrauen, hilft bei der Selbstreflexion und Beurteilung der Selbstwirksamkeit, motiviert, gibt Impulse für selbstgesteuertes Lernen und schafft Rahmenbedingungen für produktives Arbeiten.

Welche Voraussetzungen hat professionelles Feedback an Mitarbeitende?

- Wohlwollende und konstruktive Haltung,

- zeitnah und individuell,

- konkret beschreibend, nicht ausschließlich wertend,

- nur über eigene Beobachtungen sprechen und

- strikte Vertraulichkeit bei persönlichen Themen.

Auch in Zeiten von Remote-Arbeit bleibt dieses Basissetting grundsätzlich gleich. Führungskräfte sollten allerdings zusätzlich für entsprechenden Sicht-Kontakt in Form eines Video-Chats mit angeschalteter Kamera sorgen. Feedback bedeutet trotz möglicher hierarchischer Unterschiede auf menschlicher Ebene immer Augenhöhe!

Diese Augenhöhe bekommt umso mehr Wirkung, wenn auch die Beschäftigten ihrerseits Feedback an Führungskräfte (oder auch andere Team-Mitglieder) geben können.

4.2.6.3 360° Feedback

Eine besondere Form des multilateralen Feedbacks ist das sog. 360° Feedback. Bei diesem von Clark Wilson entwickelten Verfahren, erhalten die Feedback-Nehmer zusätzlich Rückmeldungen von ihrem beruflichen Umfeld, z. B. Mitarbeitenden, Kolleginnen und Kollegen auf der gleichen Verantwortungsebene, fachlichen Peers, eigenen Vorgesetzten, teilweise sogar von Kunden. Aufgrund des Feedbacks aus dem kompletten Umfeld der Feedback-Nehmenden, spricht man von einem Rundum, sprich 360°-Feedback.

4.2.6.4 Remote Feedback Tools

Feedback-Tools gibt es schon eine ganze Zeit lang. Zwischenzeitlich ist ein Teil von ihnen auch webbasiert und kann über einen Browser oder eine eigene App gegeben und angenommen werden. Toolgestütze Feedback-Lösungen haben eine Reihe von Vorteilen:

- Dokumentation,

- Historie,

- leichte Auswertbarkeit und

- Einbindung in einen zeitgesteuerten Prozess.

In jedem Fall sollte ein Tool nicht um seiner selbst willen eingesetzt werden – es dient immer dem zielgerichteten Zweck des gegenseitigen Austausches. Von daher können Teams auch ohne zusätzliche Softwarelösungen erfolgreich Feedback geben und nehmen.

4.2.7 Lernen und Weiterbildung

Aufgrund der Remote-Situation können Beschäftigte möglicherweise nicht an Vor-Ort-Schulungen, Workshops sowie sonstigen Weiterbildungsveranstaltungen teilnehmen. Dies darf allerdings nicht dazu führen, dass die Zeiten für betrieblich veranlasstes Lernen deswegen eingeschränkt werden oder gar unter den Tisch fallen. Denn die Anbieter von Weiterbildungen haben sich im Rahmen der Corona-Lockdowns weitgehend digitalisiert. Eine Vielzahl an virtuellen Trainingsangeboten komplettiert das weiterhin angebotene Sortiment an Vorort-Events.

Durch rein virtuelle Veranstaltungen entfällt für die Veranstalter ein großer Teil der Kosten, die sogar zu einem spürbaren Preisrutsch geführt haben. Darüber hinaus bieten immer mehr Anbieter auch kostenfreie kleine Lern-Einheiten (sog. „Lern-Snacks" oder „Learning-Nuggets") an. Eine digitale Teilnahme ist dabei oft direkt aus dem Browser heraus möglich ohne große Software-Installationen. Unternehmen und Lernende sparen dabei gleichermaßen Zeit (Anreise/Abreise) sowie Kosten (z. B. für Hotelübernachtungen, Abwesenheitspauschalen usw.).

Nutzen Sie den Trend zur Virtualisierung des Lernens als Arbeitgeber bewusst! Befähigen Sie Ihre Beschäftigten frühzeitig, die digitalen Grundlagen für das vielbeschworene „lebenslange Lernen" zu legen. Sie müssen dazu keine eigene Lernplattformen aufbauen, da neben YouTube sowie Social Media Plattformen wie LinkedIn, eine Reihe von Anbietern Lernen praxistauglich virtualisiert haben – Mobilfähigkeit inklusive.

Räumen Sie Ihren Beschäftigten daher entsprechende Zeitbudgets für betrieblich bedingtes Lernen ein und animieren Sie diese aktiv, konsequent in ihre eigene Weiterbildung zu investieren.

Führungskräften, die Angst davor haben, dass gut ausgebildete Beschäftigte anschließend möglicherweise den Arbeitgeber wechseln könnten sei entgegnet: Stellen Sie sich einfach den umgekehrten Fall vor, dass Sie Ihre Mitarbeitenden bewusst von einer Weiterbildung abhalten. Vielleicht bleiben sie mangels „Arbeitsmarktfähigkeit" dann länger bei Ihnen, aber was bedeutet das langfristig für die Qualität der Arbeit? Und noch viel wichtiger: Wie wird sich die Motivation der Beschäftigten in einem solchen Unternehmen entwickeln…?

4.2.8 Motivation

4.2.8.1 Lob und Anerkennung

Was ist der Unterschied zwischen Lob und Anerkennung? Als „Lob" wird gemeinhin das „spontane Schulterklopfen" bezeichnet, also eine einmalige Rückmeldung zu einer wahrgenommenen Leistung oder einem Erfolg. Auch wenn ein solches Lob in der Praxis häufig als sehr positiv wahrgenommen wird, reicht es heute nicht mehr aus.

Insbesondere das damit zum Ausdruck kommende „Machtgefälle" wird mittlerweile in der Literatur durchaus kritisch gesehen.

Anerkennung hingegen ist eine grundlegende Haltung und Wertschätzung – eine Art Gesamtbild der Situation. Sie geht deutlich weiter und umfasst auch zukünftige Aspekte.

Auch wenn Mitarbeitende generell eine hohe intrinsische Motivation aufweisen, ist diese Eigenmotivation in der Isolation einer (längerfristigen) Remote-Situation deutlich stärker gefährdet als bei Arbeit im Team an einem gemeinsamen Ort. Führungskräfte sollten daher neben dem klassischen Loben vor allem Anerkennung und Wertschätzung gegenüber den remote Arbeitenden zeigen.

4.2.8.2   Purpose und das „WHY"

Das Gefühl der Verbundenheit mit einem Arbeitgeber kann durch Remote-Arbeit deutlich schneller sinken. Verbindende Elemente sind neben der Einbindung in soziale Strukturen im Unternehmen auch der sog. „Purpose". Dieser Begriff hat sich zwischenzeitlich fast schon Buzzword-artig in den Medien verbreitet. Purpose meint damit eine Art übergeordnete Zielsetzung, eine Mission, die der eigenen Arbeit zugrundliegt. Von Simon Sinek in seinem Golden Circle als Ausgangpunkt von Motivation auch als „WHY" bezeichnet.

Dabei geht es darum, Mitarbeitenden stets vor Augen zu halten, warum, wofür bzw. wozu die eigene Arbeitsleistung erbracht wird.

Wichtig: Ein wirksamer Motivationseffekt in diesem Sinne kann nur eintreten, wenn die Mitarbeitenden auch auf Basis ihrer Kenntnisse und Arbeitspräferenzen eingesetzt werden. Ein quasi „übergestülpter" Purpose entfaltet keine Wirkung und kann im schlimmsten Fall sogar abschreckend wirken.

Was also ist das von Ihnen als Führungskraft vorgelebte und transportierte „Why"?

4.2.9 Virtuelle Empathie

Empathische Führung erweist sich schon in Nicht-Remote-Zeiten als fortwährende Herausforderung für Führungskräfte. Sich in die Beschäftigten hineinzuversetzen, ihre Gefühle, Ängste, Sorgen und Erwartungen zu erkennen, ist keine leichte Aufgabe.

In der virtuellen Arbeitssituation sind die Herausforderungen noch einmal deutlich gesteigert:

- Mimik und Gestik werden oftmals nur rudimentär über Bildschirme wirksam,

- Stimmen sind häufig verzerrt oder durch technische Aussetzer beeinträchtigt,

- bei rein schriftlicher Kommunikation sind Emotionen oft kaum mehr zu erkennen und

- Ironie und Humor muss mittels Emojis zusätzlich gekennzeichnet werden.

Laptop-Kameras oder auch Webcams sind häufig so positioniert, dass Menschen selbst im Zweierkontakt nicht in die Augen des virtuellen Gegenübers blicken, sondern stattdessen auf das Video-Abbild auf dem Monitor. Dies sorgt dafür, dass bei sehr hoch angebrachten Kameras (insbesondere Webcams) der Eindruck entsteht, die Person gegenüber vermeide Augenkontakt und schaue gar „nach unten".

Neben einer Schärfung der Wahrnehmung, wie es den Mitarbeitenden emotional geht, stellt sich im Rahmen von gesteigerter Selbstorganisation aber auch die Frage nach der individuellen Arbeitsbelastung.

Solchen bei virtueller Kommunikation auftretenden Situationen können Führungskräfte nur entgegnen, wenn sie ihre Wahrnehmung deutlich schärfen und in Summe wesentlich stärker „in der Kommunikation bleiben".

4.3 Psychosoziale Auswirkungen

Aufgrund von längerfristigen Remote-Situationen können völlig neue Phänomene in die Zusammenarbeit Einzug halten, die sowohl Führungskräfte als auch Mitarbeitende deutlich stärker fordern als bisher. Dieses Kapitel soll Ihre Wahrnehmung schärfen, welche Auswirkungen virtuelle Zusammenarbeit auf Menschen haben kann und Sie unterstützen, wirkungsvolle Gegenmaßnahmen einzuleiten.

4.3.1 Entgrenzung

Eine der größten Herausforderungen für die längerfristig remote Arbeitenden ist das Thema Entgrenzung. Darunter versteht man eine fehlende Trennung von Arbeits- und Privatleben und die damit verbundenen Gefahren – insbesondere für die Gesundheit der Beschäftigten.

Besonders folgende Effekte sind nach einer Befragung der Deutschen Gesellschaft für Personalführung (DGFP e.V.) in Zusammenarbeit mit dem Fraunhofer-Institut für Arbeitswirtschaft und Organisation (IAO)[170] für eine zunehmende Entgrenzung verantwortlich:

- Arbeit zu unüblichen Tageszeiten (66 % der Befragten),

- Überstunden (65 %),

- fragmentiertes Arbeiten, z. B. morgens und dann wieder abends (51 %) und

- Arbeit am Wochenende (35 %).

---

[170] Studie Arbeiten in der Corona-Pandemie Entgrenzung, Fraunhofer IAO, 02/2021.

Dabei wird deutlich, dass insbesondere pandemiebedingte Doppelbelastungen durch die Arbeit im Homeoffice bei gleichzeitiger Kinderbetreuung oder Homeschooling maßgeblich zur Verschlimmerung der Lage beitragen. Remote-Arbeit geht tendenziell mit regelmäßigen Überstunden bzw. Mehrarbeit einher. Denn die Verlockungen, immer mal wieder in den digitalen Posteingang zu sehen und spontan „noch schnell" zu antworten, sind hoch.

Folgende Maßnahmen können helfen, Entgrenzung zu vermeiden oder diese zumindest abzumildern:

- Sensibilisierung der Führungskräfte und Mitarbeitenden zum Thema,

- klares Statement der Unternehmensleitung gegen Entgrenzung,

- Angebote von Schulungen und Beratungen, zum Beispiel durch betriebliche Gesundheitsdienste,

- klare Regelungen zur Arbeitszeit sowie deren Kontrolle und

- gegebenenfalls auch technische Restriktionen hinsichtlich Zeiten, in denen nicht gearbeitet werden kann.

Darüber hinaus sollten sich Remote-Arbeitende im Homeoffice so kleiden, wie sie dies im Büro tun würden. Denn ein Duschen und Wechseln in Freizeit-Kleidung signalisiert auch dem Unterbewusstsein ein Ende der Arbeit und einen Start in den Feierabend. Gleiches gilt für das Aufräumen des Schreibtisches, ein bewusstes Herunterfahren der elektronischen Geräte des Arbeitgebers sowie ein Verlassen der Räumlichkeiten, in denen gearbeitet wurde (sofern möglich). Auch helfen bestimmte Rituale zum Feierabend-Beginn wie eine bewusste Simulation eines Heimwegs von der Arbeit.

4.3.2 Psychischer Stress und Burnout

Neben des für viele Beschäftigten bereits hohen Anspruches an Selbstorganisation und Selbstführung, kann vor allem die häufig sehr hohe Taktung von virtuellen Terminen (ohne ausreichende Pausen), eine aufgrund der Distanz gefühlte emotionale Isolation oder die fortlaufenden Einblicke in das Privatleben (Kinder, Haustiere, Hintergründe, Geräusche) bei Videokonferenzen, über die Zeit einen hohen Level an psychischem Stress verursachen.

Im AOK-Fehlzeitenreport 2020[171] wurde ein deutlicher Zusammenhang zwischen Entgrenzung und gesundheitlichen Einschränkungen durch mangelnde Erholung deutlich. Darüber hinaus berichtet zudem nahezu ein Viertel der befragten Beschäftigten davon, sich von ihrem Vorgesetzten ungerecht behandelt zu fühlen. Gefühle der Gereiztheit wie Wut und Ärger verspüren 23,3 %, rund ein Fünftel beklagt Lustlosigkeit (21,2 %), Erschöpfung (19,7 %) oder Schlafstörungen (18,1 %). Sogar körperliche Beschwerden wie Rücken- und Gelenkschmerzen (25,8 %) oder Kopfschmerzen (10,2 %) kommen häufiger vor. Die Rolle von Führungskräften kann mithin bei einer zusätzlich vorhanden Remote-Situation gar nicht wichtig genug eingestuft werden.

Im Rahmen einer Befragung des Gallup Instituts im Herbst 2020[172] zu den Auswirkungen der pandemiebedingten Remote-Arbeit gaben 35 % der Befragten an, aufgrund von Arbeitsstress ausgebrannt zu sein. In den beiden Vorjahren waren es konstant 26 %. Die Gefahr für ein Burn-out-Syndrom ist somit durch die Corona-Pandemie und die damit verbunden längerfristigen Remote-Arbeiten deutlich gestiegen.

---

[171] Fehlzeiten-Report 2020 Gerechtigkeit und Gesundheit, Springer 2020.

[172] Vgl. Gallup-Umfrage „Jeder dritte Mitarbeiter fühlt sich ausgebrannt" auf *www.spiegel.de* unter: *t1p.de/kbzh* (Stand: 10.05.2021).

4.3.3 Aufmerksamkeitsprobleme

Ein weiterer Effekt längerfristiger Arbeit im Homeoffice wird ausgelöst durch die zahlreichen digitalen Eingangskanäle. Multi-Device (PC, Laptop, Tablet, Smartphone) Handling inklusive Dauer-Video-Verbindung wirkt auf den ersten Blick wie ein modernes Arbeiten und perfektes Multitasking. Allerdings ist produktives Multitasking ein Mythos. Denn bei gleichzeitigen Arbeiten fehlt eine ausreichende Fokussierung beziehungsweise Konzentration. Langfristig wirkt sich vermeintlich vorteilhaftes Multitasking (Beantwortung von E-Mails während der Teilnahme an einer Videokonferenz und Blick auf privat eingehende Whatsapp-Nachrichten) negativ auf die Konzentrationsfähigkeit aus. Ermüdungserscheinungen treten frühzeitiger auf, wodurch häufig ein noch stärkeres Multitasking initiiert wird, um die zahlreichen Aufgaben doch noch alle während der hochkonzentrierten Phase zu schaffen. Oft der Beginn eines fatalen Teufelskreises.

Dabei ist es seit langem bekannt, dass die generelle Aufmerksamkeitsspanne im digitalen Umfeld deutlich unter derjenigen im nicht-virtuellen Raum liegt. Ein Grund übrigens, warum Texte auf Internetseiten deutlich prägnanter formuliert werden sollten als beispielsweise in gedruckter Schriftform.

Im Zusammenspiel mit Kindern im Homeoffice haben sich auch feste Regelsysteme (z. B. Zettel mit Ampelfarben an der Tür oder ähnlich) als hilfreich erwiesen. Besprechen Sie mit den Kindern ausführlich, warum und wann Sie Zeiten für konzentriertes Arbeiten benötigen. Da sich vor allem kleinere Kinder selten an solche formalen Absprachen halten können, akzeptieren Sie auch entsprechend unproduktivere Zeiten. Insbesondere in Ausnahmesituationen wie einem Lockdown ist der Zustand auch für die Kleinen alles andere als leicht.

4.3.4 Geringere Bindung an den Arbeitgeber

Einher geht diese negative Entwicklung mit einer stärkeren Bereitschaft, den Arbeitgeber zu wechseln. Durch die Arbeit auf Distanz kann der „soziale Kitt" von Teams nicht mehr seine volle Wirkung entfalten. Schaffen es Führungskräfte und Teammitglieder nicht, ein „Wir-Gefühl" in ausreichendem Maße zu stärken, erhöht sich die Wechselbereitschaft.

Laut Gallup Befragung sind so beispielsweise im Herbst 2020[173] nur noch 61 % der Befragten bereit, ohne Wenn und Aber in einem Jahr noch bei ihrer derzeitigen Firma arbeiten. Im Vorjahr waren es 73 %, 2018 sogar noch 78 %.

4.3.5 Psychische Belastungen erkennen und adressieren

In einer Remote-Situation ist es deutlich schwieriger, die psychische Belastungssituation von Team-Mitgliedern einschätzen zu können als bei einer offline Zusammenarbeit. Folgende Hinweise des Psychologen Daniel Fodor können Ihnen helfen einzuschätzen, ob Personen, mit denen Sie zusammenarbeiten unter schweren psychischen Belastungen stehen.

> **Leitfaden zur Beobachtung**[174]
>
> Versuchen Sie im Gespräch gezielt auf folgende Veränderungen des Beschäftigten zu achten:
>
> - Reagiert die Person auf Sie und andere mit Klagen, Resignation oder Rückzug?

---

[173] Vgl. Gallup-Umfrage „Jeder dritte Mitarbeiter fühlt sich ausgebrannt" auf *www.spiegel.de* unter: *t1p.de/kbzh* (Stand: 10.05.2021).

[174] Vgl. Daniel Fodor „Psychische Belastung im Homeoffice erkennen – Leitfaden für Führungskräfte" auf *persoblogger.de* unter: *t1p.de/1pph* (Stand: 10.05.2021).

- Ist die Kommunikation deutlich sarkastischer, aggressiver oder destruktiver als Sie es sonst von der Person kennen?

- Wirkt sie häufiger müde als sonst?

- Stellen Sie eine veränderte Stimmlage fest (unsichere Stimme oftmals ein Zeichen für Überforderung, Unentschlossenheit)?

- Beobachten Sie einen deutlichen Stimmungsabfall bei der Person, zum Beispiel mehr Gereiztheit statt Ausgeglichenheit?

- Ist die Videokamera häufig ausgeschaltet?

- Unterlaufen der Person mehr Fehler als sonst, wirkt sie unkonzentriert, abwesend?

Fallen Ihnen diese Warnsignale über einen längeren Zeitraum auf und sehen Sie hier negative Veränderungen, können das laut Fodor Anzeichen für eine starke psychische Belastung sein.

Wenn Sie im Folgenden Ihre Beobachtungen gegenüber der betroffenen Person ansprechen, verlassen Sie dabei nicht die Rolle als Führungskraft. Wechseln Sie keinesfalls in die Rolle eines guten Freundes oder gar die eines Psychologen bzw. Therapeuten. Schildern Sie Ihre Beobachtungen wertneutral und geben Sie keine laienhaften Diagnosen ab. Drängen Sie Personen nicht zu einem Gespräch über sehr persönliche oder gar intime Anliegen, die dem gezeigten Verhalten zugrunde liegen könnten.

Im nächsten Schritt überlegen Sie, welche Hilfestellung Sie anbieten können. Je nach Sachverhalt kann dies auch eine professionelle Hilfe einer Beratungsstelle sein (z. B. Sozialberatung, betriebsärztlicher Dienst oder ähnliches). Sollte die Person zu Beginn eine angebotene Unterstützung ablehnen, so vereinbaren Sie einen Folgetermin und bitten Sie die Person in der Zwischenzeit über die mögliche Hilfeleistung nachzudenken. Führt dies zu keinem Ergebnis, können Sie Ihrerseits entsprechende Beratung in Anspruch nehmen, um eine geeignete Herangehensweise zur Lösung des Sachverhalts zu finden.

4.4 Körperliche Gesundheit, Fitness zur Steigerung der Resilienz

In diesem Kapitel erfahren Sie, worauf Sie mit Blick auf Gesundheit bei sich als Führungskraft sowie bei Ihren Mitarbeitenden achten sollten und erhalten konkrete Praxistipps für mehr Gesundheit und Resilienz (psychische Widerstandskraft).

4.4.1 Gesundheitsrisiken

Intensive Bildschirmarbeit am Remote-Arbeitsplatz birgt folglich zahlreiche Risiken, zum Beispiel

- schlechte Ernährung,

- Dauerermüdung,

- Bewegungsmangel,

- Psychischer Stress,

- Überlastung,

- Haltungsschäden und

- Depression.

In gleichem Maße müssen Führungskräfte die Beschäftigten unterstützen bzw. zu gegenläufigen Aktivitäten einladen, mit dem Ziel, die generelle Resilienz, sprich Widerstandsfähigkeit der Beschäftigten sowie deren autonome Krisenbewältigungsstrategien zu stärken.

4.4.2 Bewegung

Gehen Sie täglich mindestens eine halbe Stunde an der frischen Luft spazieren. Leichte sportliche Übungen am Schreibtisch können körperliche Beschwerden, wie Rückenschmerzen oder ähnliches, zusätzlich vorbeugen. Im Internet finden sich zum Beispiel auf den Seiten der Krankenkassen diverse Video-Anleitungen für gesundheitserhaltende Übungen.

4.4.3 Ernährung

Wer arbeitet, verbraucht Kalorien. Allerdings wird bei vorwiegend im Sitzen verbrachter Bildschirmarbeit deutlich weniger Energie verbraucht als bei körperlicher Arbeit oder einem häufigen Wechsel des Arbeitsortes (Meetingräume, Werkshalle usw.). Insofern sollten remote Arbeitende vor allem leichte und gesunde Mahlzeiten zu sich nehmen und auf deftiges Essen tagsüber verzichten.

Die Deutsche Gesellschaft für Ernährung (DGE) empfiehlt täglich mindestens drei Portionen Gemüse (400g) und zwei Portionen Obst (250g) zu essen. Laut DGE können Sie täglich Milch und Milchprodukte wie Joghurt und Käse essen, Fisch hingegen besser nur ein bis zwei Mal pro Woche. Beim Konsum von Fleisch sollen derzeit 600 g Fleisch pro Woche nicht überschritten werden.

Ernähren Sie sich darüber hinaus unbedingt bewusst. Mahlzeiten vor dem Laptop einzunehmen, mag praktisch und effizient erscheinen. Allerdings sind Pausenzeiten für Frühstück (sofern Sie schon vorher mit der Arbeit beginnen) sowie Mittagessen und gegebenenfalls Abendessen wichtig. Pflegen Sie diese Routinen wie Rituale und reichern Sie diese auch mit sozialen Kontakten wie der Familie an. Nutzen Sie zudem Möglichkeiten zur Nahrungsaufnahme im Freien (Balkon, Terrasse) sofern vorhanden.

Auf klassische „Nervennahrung" mit einem hohen Zuckergehalt oder Snacks zwischendurch sollten Sie nur in Ausnahmefällen zurückgreifen.

Ein häufiges Problem permanenter Bildschirm-Arbeit ist übrigens mangelnde Flüssigkeitsaufnahme. Achten Sie im Homeoffice darauf, immer Zugriff auf frisches Wasser (1,5 Liter täglich) sowie andere kalorienfreie oder zuckerarme Getränke zu haben.

4.4.4 Achtsamkeit, Mediation und Entspannung

4.4.4.1 Achtsamkeit

Teilweise bereits als eine Art „Metakompetenz" gehandelt wird derzeit das Konzept der Achtsamkeit. Dabei geht es um ein Präsent-Sein im aktuellen Augenblick, einen Moment des Empfindens von Da-Sein. Was auf den ersten Blick vielleicht etwas esoterisch klingt, hat in Wirklichkeit eine große Bedeutung im heutigen Berufsalltag erlangt.

Multitasking, Projektpläne, Termine und Fristen sowie alle Herausforderungen rund um Selbstorganisation sorgen dafür, dass wir bei mittäglichen Tätigkeiten noch einer wichtigen Nachricht der Führungskraft vom Morgen nachhängen und gleichzeitig bereits an eine Abgabefrist für ein Dokument am späten Nachmittag denken. In diesem gedankenverhangenen Zustand entgeht uns nicht nur Aufmerksamkeit und Konzentration auf den aktuellen Moment. Durch ständige Push-Notifications, Erinnerungen und sonstige ablenkende Nachrichteneingänge verlieren wir immer stärker die Fähigkeit, uns bewusst auf die konkrete Tätigkeit in diesem Moment zu konzentrieren.

Insofern kann es hilfreich sein, nicht benötigte Notifications auszuschalten und sich stattdessen bewusste Zeiten zu nehmen für die Bearbeitung von eingehenden Nachrichten.

Ebenfalls positiv wirken kann regelmäßiges sog. „Digital Detox". Darunter versteht man den bewussten Verzicht auf digitale Medien jeder Art. Als Gegenpol zur informationellen Dauerbeschallung ist bewusstes „Abschalten" heute leider fast schon ein Luxus geworden. Gönnen Sie sich diesen jedoch regelmäßig, bestenfalls mindestens eine Stunde täglich und verbringen Sie stattdessen eine persönliche „Quality Time" (z. B. genussreiches Schaumbad oder Spielzeit mit den Kindern).

Um eine positive Grundhaltung einzunehmen, nutzen viele langjährige Remote-Worker ein sog. Dankbarkeits-Tagebuch. Dort hinein schreiben sie jeden Morgen drei Dinge, für die sie dankbar sind und abends drei (kleine) Erfolge oder Fortschritte. Diese Methode kann helfen, um den Fokus auf positive Erlebnisse zu legen und sich selbst fortlaufend bewusst zu reflektieren.

4.4.4.2 Zur Ruhe kommen, Meditation

Zusätzlich zu ausreichend Schlaf (je nach Gewohnheit und individuellem Bedürfnis zwischen 6-9 Stunden täglich), können weitere Maßnahmen durchgeführt werden, um in eine spürbare Entspannungsphase einzutreten.

Dies können beispielsweise meditative Übungen, autogenes Training, progressive Muskelentspannung, Tai-Chi oder Yoga sein. Da jedoch nicht alle Menschen gleichermaßen offen für diese Art der Entspannung sind, helfen zum Einstieg auch individuell als angenehm empfundene Tätigkeiten, wie Musik hören, Spazieren gehen, Baden oder das Lesen von (nicht fachlichen) Büchern.

Solche bewussten Entspannungsübungen sind bei Stress eine sanfte Methode, um zur Ruhe zu kommen. Das große Ziel dabei: Stresshormone wie Adrenalin, Dopamin und Cortisol abzubauen und ihre körperlichen sowie psychischen Energiereserven wieder aufzufüllen.

4.4.4.3 Massage und Tiefenentspannung

Um noch deutlich tiefer in einen Entspannungszustand zu kommen und gleichzeitig Rückenproblemen bei weitgehend sitzender beruflicher Tätigkeit vorzubeugen, können regelmäßige Massagen helfen. Es müssen nicht immer professionelle Massagestudios oder Physiotherapie-Praxen dazu besucht werden. Manchmal helfen bereits im privaten oder familiären Umfeld durchgeführte Wellness-Massagen. Im Internet finden sich eine Vielzahl von entspannungsfördernden Video-Anleitungen für muskelentspannende Massagen – auch unter Einsatz wohlriechender ätherischer Öle.

4.4.5 Homeoffice und Urlaub

Gerade bei längerfristiger Arbeit im Homeoffice geht das Gefühl für das eigene Erholungsbedürfnis verloren. Die fortwährende Vermischung von privaten Räumlichkeiten mit beruflicher Aufgabenerfüllung täuscht über das Bedürfnis nach Urlaub und komplettem Abschalten hinweg.

Urlaub im Homeoffice birgt zudem die Gefahr, dass die Nähe zur beruflichen Infrastruktur schnell dazu führen kann, wieder in den „Arbeitsmodus" zu verfallen. Dabei soll Urlaubszeit eine bewusste Erholungszeit ohne Arbeit sein. Die besondere Herausforderung in Zeiten von Lockdowns besteht darin, ohne eine gravierende Veränderung des räumlichen Umfeldes dennoch in einen Erholungszustand zu wechseln.

Hier ist das professionelle positive Vorleben der Führungskräfte enorm wichtig. Über eine gut eingearbeitete Stellvertretung mit ausreichend Handlungsvollmacht, sollte es unbedingt möglich sein, dass auch Führungskräfte einen unterbrechungsfreien Urlaub verbringen können.

Vermeiden Sie dabei jeglichen Anschein von Erwartungshaltungshaltung an die Erreichbarkeit von Teammitgliedern oder Gruppendynamiken, die einen zusammenhängenden Erholungsurlaub aller gefährden.

4.5 Spezielle Remote-Führungs-Situationen

4.5.1 Hybride Kommunikation

Eine in Zukunft immer häufiger auftretende Form der Führungskommunikation wird eine hybride Zusammenarbeit sein. Als hybrid bezeichnet man in diesem Zusammenhang Arbeitssituationen, bei denen beispielsweise ein Teil des Teams vor Ort arbeitet und dort am Meeting teilnimmt, während ein anderer Teil digital remote zugeschaltet ist.

Achten Sie bei hybriden Meetings darauf, dass insbesondere bei remote angebundenen Teammitgliedern zusätzlich zum Audiokanal auch eine Video-Übertragung stattfindet. Die vor Ort Teilnehmenden sollten dabei einen freien Blick auf die digitalen Teilnehmer haben, die bestenfalls sogar über Beamer oder ähnlich deutlich sichtbar sind. Dies erhöht den Eindruck einer Präsenz, die andernfalls hinter den Vor-Ort Teilnehmenden stark zurückfällt.

Vermeiden Sie in solchen hybriden Situationen Flipcharts oder Whiteboards und wechseln sie konsequent auf entsprechend digitale Varianten (digitale Conceptboards u. ä.). In keinem Fall sollten Führungskräfte in dieser Situation den Eindruck vermitteln, dass sie eine Vor-Ort-Anwesenheit stärker wertschätzen oder „lieber haben" als eine digitale Zuschaltung.

Möglicherweise lässt sich allerdings eine hybride Arbeitssituation sogar vermeiden, indem sich alle Teilnehmenden digital zuschalten. Entscheiden Sie hier situativ, einerseits mit Blick auf Effektivität und Effizienz, andererseits nach den Auswirkungen auf die Teams.

4.5.2 Onboarding

Reines Remote-Onboarding wird in der Regel zwar eher eine Ausnahme sein. Trotzdem hat die Corona-Pandemie mit ihren Kontaktbeschränkungen gezeigt, dass auch diese Sonder-Situation digital professionell gestaltet werden kann.

Wie bei jedem An-Bord-Holen neuer Beschäftigter gilt auch für das Remote-Onboarding eine möglichst frühzeitige Einbindung in das Team sowie die entsprechenden Prozesse. Dabei hat es sich in der Praxis als hilfreich erwiesen, wenn Führungskräfte „die Neuen" schon vor dem ersten Arbeitstag aktiv einbinden in Team-Meetings oder auch andere virtuelle soziale Events. Denn aufgrund der räumlichen Distanz ist die Herausforderung beim Vermitteln von Sicherheit und Zugehörigkeit bei neuen Mitarbeitenden deutlich höher als bei der gemeinsamen Arbeit vor Ort im Unternehmen.

Führungskräfte sollten dafür Sorge tragen, dass seitens des Teams Einarbeitungspaten an die Seite gestellt werden, die spezielle Betreuungs- und Integrationsaufgaben übernehmen. Darüber hinaus muss gerade bei der Vermittlung von Basiswissen sauber gearbeitet werden. Dies betrifft vor allem Fragen wie

- Was zeichnet unser Unternehmen aus?

- Wie agieren wir in den Märkten?

- Welche Tools nutzen wir?

- Wie sehen unsere Prozesse aus und wo kann ich mich darüber informieren?

- Welche Ansprechpartner kann ich wie zu welchen Themen kontaktieren?

- …

Ansonsten gelten auch für das Onboarding-Szenario alle oben genannten Hinweise und Praxistipps.

4.5.3   Konflikte

Besonders herausfordernd wird es in Situationen, in denen ein persönlicher Konflikt in der remote Arbeitsbeziehung auftaucht. Nur in Ausnahmefällen sollten Führungskräfte versuchen, diesen rein virtuell zu lösen. Dann in jedem Fall gemeinsam per Videokonferenz mit Sichtkontakt. Deutlich besser gelingt Konfliktmanagement bei gleichzeitiger persönlicher Anwesenheit an einem Ort. Ist dies beispielsweise aufgrund von pandemiebedingten Kontaktbeschränkungen innerhalb des Unternehmens nur schwierig oder gar nicht möglich, so kann das Konzept „Walk & Talk" angewendet werden.

Wie der Name bereits nahelegt, handelt es sich dabei um eine Gesprächssituation (oder auch ein Meeting), bei dem die Teilnehmenden gemeinsam in der Natur unterwegs sind und sich dabei unterhalten. Neben der Einhaltung gegebenenfalls notwendiger Abstandsregelungen, bietet so ein Business-Spaziergang weitere Vorteile: Vor allem bei etwas abseits der Zivilisation gelegener Natur (Felder, Wiesen, Wälder) wirken die Umgebung sowie Naturgeräusche deeskalierend, machen den Kopf frei und fokussieren die Aufmerksamkeit. Aber auch Stadtparks eigenen sich dann für derartige Gespräche, wenn sie den notwendigen Grad an Privatsphäre beziehungsweise Datenschutz bieten.

Gerade zum Lösen von Konfliktsituationen sollten solche positiven Rahmenbedingungen aktiv genutzt werden.

4.5.4   Offboarding

Schließlich gibt es immer wieder Situationen, in denen sich Beschäftigte und Arbeitgeber trennen. Findet diese Trennung rein digital statt, sollten einige grundlegenden Punkte dabei beachtet werden.

Wie bei jedem Ausscheiden aus einem Unternehmen sollten sich beide Parteien mit persönlicher Wertschätzung begegnen. In den allermeisten Fällen sollte dies abseits von persönlichen Gefühlen im Sinne einer professionellen Führung dennoch möglich sein.

Kommunizieren Sie ehrlich und offen soweit dies möglich ist und versetzen Sie sich als Führungskraft auch in Ihr Gegenüber hinein. Stellen Sie dabei klar, dass Ihnen die persönliche und berufliche Entwicklung des ausscheidenden Mitarbeiters wichtig ist. Sollte es sich um eine einvernehmliche Trennung im Guten handeln, bietet sich möglicherweise auch eine virtuelle Ausstandsfeier oder Verabschiedung im Kreis des Teams an.

Bedenken Sie in jedem Fall, dass ehemalige Mitarbeitende einen deutlichen Einfluss auf Ihre Wahrnehmung als Arbeitgeber haben können. Arbeitgeberbewertungsportale wie kununu oder glassdoor sind voll von Feedbacks ehemaliger Beschäftigter. Versuchen Sie in jedem Fall nicht ohne Not „verbrannte Erde" zu hinterlassen, sondern handeln Sie professionell im Sinne des Unternehmens.

Möglicherweise ist eine solche Trennung auch nur temporär. Beispielsweise in Fällen, in denen sich Beschäftigte selbstständig machen wollen und scheitern oder bei denen sich die erhofften Verbesserungen beim neuen Arbeitgeber nicht einstellen, können Führungskräfte und Ehemalige schon bald wieder vor einer neuerlichen Zusammenarbeit stehen. Halten Sie daher virtuellen Kontakt und vernetzen Sie sich via Social Media.

Insbesondere wenn eine Trennung nicht einvernehmlich verläuft oder gar eine juristische Auseinandersetzung nach sich zieht, sind einmal erteilte Zugriffs- und Nutzungsrechte an der IT des Unternehmens, die über das Arbeitsverhältnis hinausgehend weiter bestehen bleiben, ein erhöhtes Sicherheitsrisiko. Daher ist es vor allem in diesem Fall extrem wichtig, Zugriffsrechte systematisch und konsequent zu managen und zu sperren sowie die Rückgabe von Hardware an den Arbeitgeber zu überprüfen.

5 | Betriebe mit Betriebsrat

In Betrieben mit in der Regel mindestens fünf ständigen wahlberechtigten Arbeitnehmern, von denen drei wählbar sind, werden nach § 1 Betriebsverfassungsgesetz (BetrVG) Betriebsräte gewählt, oder praxisgerechter ausgedrückt, können Betriebsräte gewählt werden. Die Wahl des Betriebsrats obliegt der Initiative der Belegschaft. Sind die Voraussetzungen zur Wahl des Betriebsrats gegeben, ist der Arbeitgeber nicht verpflichtet, von sich aus die Wahl des Betriebsrats einzuleiten.

5.1 Anwendbarkeit des BetrVG und Zugehörigkeit der Arbeitnehmer im Homeoffice/bei mobiler Arbeit

Im Homeoffice oder in mobiler Arbeit tätige Arbeitnehmer werden vom Anwendungsbereich des Betriebsverfassungsgesetzes erfasst. § 5 Abs. 1 S. 1 BetrVG bezieht insoweit unter den Begriff „Arbeitnehmer" im Sinne der Betriebsverfassung neben den im Betrieb tätigen, auch diejenigen Arbeitnehmer ein, die im Außendienst oder mit Telearbeit beschäftigt werden. Aus der Gesetzesbegründung ergibt sich, dass Voraussetzung nicht Telearbeit im Sinne von § 2 Abs. 7 ArbStättV ist, sondern jede Art der Beschäftigung außerhalb des Betriebes in den Begriff „Arbeitnehmer" im Sinne des § 5 BetrVG einbezogen ist.[175]

Teilweise oder vollständig in mobiler Arbeit, Homeoffice oder Telearbeit beschäftigte Arbeitnehmer sind weiterhin im „Betrieb" des Arbeitgebers eingesetzt, da das Betriebsverfassungsgesetz nicht von einem räumlichen, sondern von einem funkti-

---

[175] Müller, Homeoffice in der arbeitsrechtlichen Praxis, 2. Auflage 2020, Rn. 532.

onalen Betriebsbegriff ausgeht und die Betriebszugehörigkeit eines Arbeitnehmers allein durch seine Einordnung in die betriebliche Organisation begründet werden kann.[176],[177]

5.2 Allgemeine Mitbestimmungsrechte des Betriebsrats

Die Mitbestimmungsrechte des Betriebsrats im Betriebsverfassungsgesetz sind in den einzelnen Gegenständen unterschiedlich ausgestaltet und reichen von reinen Unterrichtungs- bzw. Informationsrechten über Beratungs- und Vorschlagsrechte bis hin zur echten Mitbestimmungsrechten, bei denen Maßnahmen nicht gegen den Willen des Betriebsrats durchgeführt werden können bzw. dem Betriebsrat sogar ein Initiativrecht zusteht, er also Maßnahmen vom Arbeitgeber aktiv fordern kann.

Nach § 80 Abs. 2 BetrVG ist der Betriebsrat zur Durchführung seiner Aufgaben rechtzeitig und umfassend vom Arbeitgeber zu unterrichten. Ihm sind auf sein Verlangen jederzeit die zur Durchführung seiner Aufgaben erforderlichen Unterlagen zur Verfügung zu stellen. Diese Rechte beziehen sich nicht nur auf die in § 80 Abs. 1 BetrVG genannten, sondern auf sämtliche Aufgaben, die dem Betriebsrat nach der Betriebsverfassung zugewiesenen sind. Hierzu gehört nach § 80 Abs. 1 Nr. 1 BetrVG vor allem die Überwachung, dass die zugunsten der Arbeitnehmer geltenden Gesetze, Verordnungen, Unfallverhütungsvorschriften, Tarifverträge und Betriebsvereinbarungen durchgeführt werden. Damit steht dem Betriebsrat ein Unterrichtungsanspruch insbesondere im Bereich der Arbeitssicherheit und des Gesundheitsschutzes zu.

---

[176] Müller, Homeoffice in der arbeitsrechtlichen Praxis, 2. Auflage 2020, Rn. 533.

[177] Probleme in der Praxis können sich lediglich ergeben, welchem Betrieb die Arbeitnehmer zugeordnet sind, was sich z. B. darauf auswirkt, bei welchem Betrieb sie in die Wahl zum Betriebsrat einbezogen werden.

Ein Unterrichtungs- und Beratungsanspruch kann sich aus § 90 Abs. 1 BetrVG bei der Planung von mobiler Arbeit bzw. Arbeit im Homeoffice ergeben, bezüglich der genutzten Informations- und Kommunikationstechnik, Gestaltung der Arbeitsprozesse und der Arbeitsabläufe im Homeoffice und der Gestaltung von mobilen Arbeitsplätzen.

Die abstrakte Planung der mobilen Arbeit kann den Tatbestand der Personalplanung nach § 92 BetrVG erfüllen und die Unterrichtungs- und Beratungsrechte des Betriebsrats auslösen. Nach § 92 a BetrVG kann der Betriebsrat dem Arbeitgeber Vorschläge zur Sicherung und Förderung der Beschäftigten machen, die insbesondere auch neue Formen der Arbeitsorganisation und die Änderungen der Arbeitsverfahren und Arbeitsabläufe zum Gegenstand haben kann.

5.3 Betriebsänderung

In Unternehmen mit in der Regel mehr als zwanzig wahlberechtigten Arbeitnehmern hat der Unternehmer den Betriebsrat nach § 111 BetrVG über geplante Betriebsänderungen, die wesentliche Nachteile für die Belegschaft oder erhebliche Teile der Belegschaft zur Folge haben können, rechtzeitig und umfassend zu unterrichten und die geplanten Betriebsänderungen mit dem Betriebsrat zu beraten.

Ob (zumindest) ein **erheblicher Teil der Belegschaft** von der geplanten Betriebsänderung betroffen ist, richtet sich grundsätzlich nach der Anzahl der von der Maßnahme betroffenen Arbeitnehmer. Maßgeblich sind nach ständiger Rechtsprechung des Bundesarbeitsgerichts die Grenzwerte des § 17 Abs. 1 KSchG für die Frage, ob eine Massenentlassung vorliegt. Zusätzlich verlangt das Bundesarbeitsgericht, dass mindestens 5 % der

Belegschaft von der Maßnahme betroffen sind.[178] „Nachteile" im Sinne von § 111 S. 1 BetrVG können solche materieller und immaterieller Art sein. Zu den Nachteilen materieller Art zählen etwa der Verlust des Arbeitsplatzes, ein geringerer Verdienst aufgrund einer Versetzung oder höhere Fahrtkosten. Nachteile immaterieller Art sind etwa Leistungsverdichtung, Qualifikationsverluste, psychische Belastung durch zusätzliche Kontrolle oder schlechteres Betriebsklima.

§ 111 Satz 3 BetrVG definiert fünf Tatbestände, die als Betriebsänderung anzusehen sind. Bei der Einführung mobiler Arbeit können regelmäßig drei der Tatbestände betroffen sein, namentlich

- die Verlegung des ganzen Betriebs oder von wesentlichen Betriebsteilen,

- grundlegende Änderungen der Betriebsorganisation, des Betriebszwecks oder der Betriebsanlagen und

- die Einführung grundlegend neuer Arbeitsmethoden und Fertigungsverfahren.

Liegt einer der Tatbestände des § 111 S. 3 BetrVG vor, ist nicht mehr zu prüfen, ob nachteilige Folgen für die Belegschaft oder erhebliche Teile der Belegschaft zu erwarten sind.[179]

Ziel der nach § 111 BetrVG vorgeschriebenen Beratung zwischen Unternehmer und Betriebsrat ist der Versuch, einen **Interessenausgleich** zu vereinbaren. Gegenstand des Interessenausgleichs ist die Beratung und Beschreibung über das Ob, Wann und Wie der geplanten Betriebsänderung. Anders als der Sozialplan soll der Interessenausgleich nicht etwaige Nachteile

---

[178] BAG vom 06.12.1988 – 1 ABR 47/87, DB 1989, 883; BAG vom 28.03.2006 – 1 ABR 5/05, DB 2006, 1792.

[179] Schaub, Arbeitsrechts-Handbuch, 17. Auflage 2017, § 244, Rn. 8.

für die betroffene Belegschaft ausgleichen, sondern nach Möglichkeit deren Entstehung bereits verhindern oder zumindest abmildern.[180] Der **Sozialplan** dient gemäß § 112 Abs. 1 S. 2 BetrVG dem Ausgleich bzw. der Milderung der wirtschaftlichen Nachteile, die den Arbeitnehmern infolge der Betriebsänderung entstehen.

Der wesentliche Unterschied zwischen Interessenausgleich und Sozialplan liegt in der **Erzwingbarkeit**. Der Arbeitgeber ist verpflichtet, den Abschluss eines Interessenausgleichs mit dem Betriebsrat zu versuchen. Kommt ein **Interessenausgleich** über die geplante Betriebsänderung nicht zustande, können der Unternehmer oder der Betriebsrat den Vorstand der Bundesagentur für Arbeit um Vermittlung ersuchen. Erfolgt dies nicht oder bleibt der Vermittlungsversuch ergebnislos, können der Unternehmer oder der Betriebsrat die Einigungsstelle anrufen. Die Einigungsstelle wiederum hat eine Einigung der Parteien zu versuchen. Kommt eine solche zum Interessenausgleich nicht zustande, ist das Verfahren beendet. Einen Spruch der Einigungsstelle, der die Einigung zwischen den Parteien ersetzen würde, sieht der Gesetzgeber in § 112 BetrVG nicht vor. Hält der Arbeitgeber das Verfahren zur Beteiligung des Betriebsrats ein, verbleibt es bei seiner Unternehmerentscheidung zur Betriebsänderung, ohne dass der Betriebsrat ein Instrument zur abweichenden Einflussnahme hätte.

Der **Sozialplan** kann dagegen vor der Einigungsstelle erzwungen werden. Kommt eine Einigung über den Sozialplan zwischen Arbeitgeber und Betriebsrat nicht zustande, so entscheidet nach § 112 Abs. 4 BetrVG die Einigungsstelle über die Aufstellung des Sozialplans. Der Spruch der Einigungsstelle er-

---

[180] BAG vom 27.10.1987 – 1 ABR 9/86, DB 1988, 558; BAG vom 17.09.1991 – 1 ABR 23/91, DB 1992, 229.

setzt die Einigung zwischen Arbeitgeber und Betriebsrat und hat die Wirkung einer Betriebsvereinbarung.

5.4 Mitbestimmung in sozialen Angelegenheiten

Die Einführung und Durchführung einer Tätigkeit im Homeoffice oder mobile Arbeit löst regelmäßig Mitbestimmungsrechte aus § 87 Abs. 1 BetrVG aus, insbesondere

- Fragen der Ordnung des Betriebs und des Verhaltens der Arbeitnehmer im Betrieb,

- Beginn und Ende der täglichen Arbeitszeit einschließlich der Pausen sowie Verteilung der Arbeitszeit auf die einzelnen Wochentage,

- vorübergehende Verkürzung oder Verlängerung der betriebsüblichen Arbeitszeit,

- Einführung und Anwendung von technischen Einrichtungen, die dazu geeignet (bestimmt) sind, das Verhalten oder die Leistung der Arbeitnehmer zu überwachen,

- Regelungen über die Verhütung von Arbeitsunfällen und Berufskrankheiten sowie über den Gesundheitsschutz im Rahmen der gesetzlichen Vorschriften oder der Unfallverhütungsvorschriften,

möglicherweise auch

- Fragen der betrieblichen Lohngestaltung, insbesondere die Aufstellung von Entlohnungsgrundsätzen und die Einführung und Anwendung von neuen Entlohnungsmethoden sowie deren Änderung und

- Festsetzung der Akkord- und Prämiensätze und vergleichbarer leistungsbezogener Entgelte, einschließlich der Geldfaktoren.

Die Mitbestimmungsrechte aus § 87 Abs. 1 BetrVG werden in aller Regel nur dann ausgelöst, wenn ein **kollektiver Tatbestand** vorliegt, d. h. abstrakt generelle Regelungen für Homeoffice-Arbeitsplätze oder mobiles Arbeiten im Betrieb aufgestellt werden.[181] Würde dagegen eine Vereinbarung zu mobilem Arbeiten nur als vereinzelte individuelle Vereinbarung auftreten, würde das Mitbestimmungsrecht nicht ausgelöst.

Die Mitbestimmungsrechte des Betriebsrats aus § 87 Abs. 1 BetrVG sind völlig unstreitig, soweit sie sich z. B. auf technische Überwachungseinrichtungen, Regelungen zur Verhütung von Arbeitsunfällen und zum Gesundheitsschutz oder zu einer mit mobilem Arbeiten verbundenen Arbeitszeitgestaltung, beziehen.

Sieht man die Konstruktion des mobilen Arbeitens (einschließlich der Arbeit im Homeoffice, soweit sie keine Telearbeit darstellt) als teilweisen Verzicht des Arbeitgebers auf Ausübung des Direktionsrechts bezüglich des Arbeitsortes, stellt sich die Frage, ob auch insoweit ein Mitbestimmungsrecht besteht.

Infrage kommt lediglich das Mitbestimmungsrecht nach § 87 Abs. 1 Nr. 1 BetrVG zu Fragen der Ordnung des Betriebes und des Verhaltens der Arbeitnehmer im Betrieb. Wie oben dargestellt, sind auch Mitarbeiter in mobiler Arbeit bzw. im Homeoffice „Arbeitnehmer des Betriebs".[182]

---

[181] Dies würde auch gelten, wenn zunächst nur ein konkreter Arbeitsplatz hiervon betroffen ist.

[182] Nach dem Entwurf des Betriebsrätemodernisierungsgesetzes vom 31.03.2021 soll zur Förderung mobiler Arbeit und zum Schutz der Arbeitnehmer bei Wahrnehmung von Homeoffice in § 87 Absatz 1 Nr. 14 BetrVG ein neues Mitbestimmungsrecht bei der Ausgestaltung mobiler Arbeit eingeführt werden.

Das Bundesarbeitsgericht unterscheidet bezüglich der Reichweite des Mitbestimmungsrechts zwischen Regelungen, die das (mitbestimmungspflichtige) Ordnungsverhalten der Arbeitnehmer betreffen, und Maßnahmen, die das (mitbestimmungsfreie) Arbeitsverhalten der Arbeitnehmer zum Inhalt haben. Gegenstand des Mitbestimmungsrechts ist daher die Gestaltung des Zusammenlebens und Zusammenwirkens der Arbeitnehmer im Betrieb, nicht dagegen Maßnahmen des Arbeitgebers, die ausschließlich auf die arbeitsvertragliche Leistungsverpflichtung der Arbeitnehmer bezogen sind.[183]

Daher unterliegen der Mitbestimmung nach § 87 Abs. 1 Nr. 1 BetrVG nicht, z. B.

- die örtliche Festlegung der Arbeitsleistung, also auch nicht der Umfang mobiler Arbeit oder Arbeit im Homeoffice,

- die Nutzung und der Umgang mit Arbeitsmitteln einschließlich des Verbots der Privatnutzung,

- die Anweisung, Aufzeichnungen über Inhalt bzw. Umfang der bei mobiler Arbeit erbrachten Arbeitsleistungen bzw. Arbeitszeiten[184] oder

- Vorgaben zum Umgang mit Unterlagen.

---

[183] Erfurter Kommentar zum Arbeitsrecht, 18. Auflage 2018, Rn. 28 zu § 87 BetrVG.

[184] Beinhaltet die Art der Aufzeichnung die Möglichkeit der technischen Überwachung, ist regelmäßig das Mitbestimmungsrecht nach § 87 Abs. 1 Nr. 6 BetrVG eröffnet, z. B. wenn Arbeitsumfänge bzw. Arbeitszeiten in elektronischer Form, etwa als Tabellenkalkulation oder mittels Zeiterfassungs-Software aufgezeichnet werden.

5.5 Mitbestimmung bei personellen Einzelmaßnahmen

5.5.1 Versetzung

In Unternehmen mit in der Regel mehr als zwanzig wahlberechtigten Arbeitnehmern hat der Arbeitgeber den Betriebsrat nach § 99 Abs. 1 S. 1 BetrVG vor jeder Einstellung, Eingruppierung, Umgruppierung und Versetzung zu unterrichten, ihm die erforderlichen Bewerbungsunterlagen vorzulegen und Auskunft über die Person der Beteiligten zu geben. Er hat dem Betriebsrat unter Vorlage der erforderlichen Unterlagen Auskunft über die Auswirkungen der geplanten Maßnahme zu geben und die Zustimmung des Betriebsrats zu der geplanten Maßnahme einzuholen.

War der Arbeitnehmer bisher an einer betrieblichen Arbeitsstätte des Arbeitgebers eingesetzt und soll fortan mobil oder im Homeoffice (ganz oder teilweise) arbeiten, kann eine Versetzung i. S. d. § 99 BetrVG vorliegen.

Der **Begriff der Versetzung** wird vom Gesetz für den Bereich der Betriebsverfassung in § 95 Abs. 3 BetrVG legal definiert. Danach liegt eine Versetzung immer dann vor, wenn dem Arbeitnehmer entweder ein anderer Arbeitsbereich für voraussichtlich mehr als einen Monat zugewiesen wird oder wenn die Änderung des Arbeitsbereiches mit einer erheblichen Änderung der Umstände verbunden ist, unter denen die Arbeit zu leisten ist. Bei vertraglich auf wechselnden Arbeitsplätzen eingesetzten Arbeitnehmern gilt die Bestimmung des jeweiligen Arbeitsplatzes nicht als Versetzung (§ 95 Abs. 3 S. 2 BetrVG). Unter Arbeitsbereich in diesem Sinne versteht die Rechtsprechung den konkreten Arbeitsplatz und seine räumliche, technische und organisatorische Beziehung zur betrieblichen Umgebung. Der

Begriff ist daher räumlich und funktional zu verstehen.[185] Weist der Arbeitgeber dem Arbeitnehmer einen anderen Arbeitsort zu, so liegt darin immer dann eine Versetzung, wenn die Zuweisung die Dauer von einem Monat überschreitet, selbst wenn die Tätigkeit inhaltlich unverändert bleibt.[186]

Bei einem Wechsel von der Arbeit an der Betriebsstätte des Arbeitgebers zu mobiler Arbeit ist regelmäßig der betriebsverfassungsrechtliche Begriff der Versetzung erfüllt. Dabei ist unerheblich, ob der Arbeitnehmer dauerhaft oder nur teilweise im Homeoffice oder in mobiler Arbeit tätig wird. Ausgenommen dürften nur solche Fälle sein, in denen allenfalls gelegentlich ein mobiles Arbeiten stattfindet. Auch die Beendigung der Vereinbarung zu mobiler Arbeit und der damit verbundene Wechsel zurück ausschließlich an den betrieblichen Arbeitsplatz stellt eine Versetzung dar.[187]

Für das Beteiligungsrecht des Betriebsrats spielt es keine Rolle, auf welcher Rechtsgrundlage die Versetzung durchgeführt wird, also ob die Einführung der mobilen Arbeit im gegenseitigen Einvernehmen liegt oder z. B. die Beendigung der mobilen Arbeit durch eine Weisung im Rahmen des Direktionsrechts erfolgt. Entscheidend ist lediglich, dass der Arbeitnehmer auf Initiative des Arbeitgebers in einem anderen Arbeitsbereich tätig wird. Eine Ausnahme hatte das Bundesarbeitsgericht dann angenommen, wenn der Arbeitnehmer die Versetzung selbst gewünscht hat und die einverständliche Versetzung keine Auswirkungen auf andere Arbeitnehmer hat.[188] Dieser Umstand wäre wohl erfüllt, wenn die Tätigkeit im Homeoffice dem Arbeitnehmer nur als Option vom Arbeitgeber eingeräumt wird.

---

[185] BAG vom 17.06.2008 – 1 ABR 38/07, DB 2008, 2771.
[186] BAG vom 19.01.2010 – 1 ABR 55/08, DB 2011, 120.
[187] LAG Düsseldorf vom 07.09.2014 – 12 Sa 505/14.
[188] BAG vom 20.09.1990 – 1 ABR 37/90, DB 1991, 335.

Hat der Arbeitgeber den Betriebsrat unterrichtet und unter Vorlage der notwendigen Unterlagen informiert, kann der Betriebsrat die Zustimmung zu der Versetzung ausdrücklich erteilen, sie aus Gründen des § 99 Abs. 2 BetrVG verweigern oder die Zustimmungsverweigerungsfrist nach § 99 Abs. 3 Satz 1 BetrVG verstreichen lassen.

Der Betriebsrat kann die Zustimmung nach § 99 Abs. 2 BetrVG u. a[189] verweigern, wenn

- die Versetzung gegen ein Gesetz, eine Verordnung, eine Unfallverhütungsvorschrift oder gegen eine Bestimmung in einem Tarifvertrag oder in einer Betriebsvereinbarung oder gegen eine gerichtliche Entscheidung oder eine behördliche Anordnung verstoßen würde,

- die Versetzung gegen eine Auswahlrichtlinie (§ 95 BetrVG) verstoßen würde,

- die durch Tatsachen begründete Besorgnis besteht, dass infolge der Versetzung im Betrieb beschäftigte Arbeitnehmer gekündigt werden oder sonstige Nachteile erleiden, ohne dass dies aus betrieblichen oder persönlichen Gründen gerechtfertigt ist oder

- der betroffene Arbeitnehmer durch die Versetzung benachteiligt wird, ohne dass dies aus betrieblichen oder in der Person des Arbeitnehmers liegenden Gründen gerechtfertigt ist.

Der Betriebsrat kann die Zustimmung zu einer Versetzung nur und ausschließlich aus den in § 99 Abs. 2 BetrVG genannten Gründen verweigern. Die Aufzählung ist abschließend.[190]

---

[189] Die weiteren in § 99 Abs. 2 BetrVG genannten Verweigerungsgründe spielen bei der Versetzung kaum eine Rolle.

[190] Schaub, Arbeitsrechts-Handbuch, 17. Auflage 2017, § 241, Rdn. 42.

Die Verweigerung der Zustimmung zur Versetzung ist nur wirksam, wenn der Betriebsrat sie innerhalb von einer Woche nach Unterrichtung dem Arbeitgeber unter Angabe von Gründen schriftlich mitteilt (§ 99 Abs. 3 Satz 1 BetrVG). Der Betriebsrat hat über die Zustimmungsverweigerung ordnungsgemäß Beschluss zu fassen (§ 33 BetrVG). Die Frist beginnt mit der vollständigen und ordnungsgemäßen Unterrichtung des Betriebsrats über die geplante Versetzung. Hat der Betriebsrat berechtigt die Unvollständigkeit der Unterrichtung oder Vorlage der Unterlagen gerügt und holt der Arbeitgeber die Vervollständigung der Informationen nach oder legt weitere Unterlagen vor, beginnt die Frist des § 99 Abs. 3 Satz 1 BetrVG erst ab diesem Zeitpunkt zu laufen.[191]

Versäumt der Betriebsrat die Wochenfrist, ohne die Zustimmung zu verweigern, gilt sie als erteilt (§ 99 Abs. 3 Satz 2 BetrVG). Verweigert der Betriebsrat dagegen seine Zustimmung innerhalb der Wochenfrist des § 99 Abs. 3 Satz 1 BetrVG, so muss der Arbeitgeber, wenn er die geplante Versetzung trotzdem durchführen möchte, das Arbeitsgericht anrufen. Das zuständige Arbeitsgericht hat im Beschlussverfahren (§ 2a Abs. 1 Nr. 1 ArbGG) die Zustimmung zu ersetzen, wenn keiner der in § 99 Abs. 2 BetrVG genannten Zustimmungsverweigerungsgründe vorliegt.

Wird die verweigerte Zustimmung nicht durch das Arbeitsgericht ersetzt, darf der Arbeitgeber die Versetzung nicht durchführen, bzw. wäre eine dennoch erfolgte Versetzung unwirksam.

---

[191] BAG vom 05.05.2010 – 7 ABR 70/08, NZA 2011, 175.

5.5.2 Anhörung bei (Änderungs-)Kündigung

Mobile Arbeit bzw. die Arbeit im Homeoffice kann möglicherweise durch Änderungskündigung beendet werden.[192] Vor Ausspruch der Änderungskündigung ist das Anhörungsverfahren nach § 102 BetrVG durchzuführen.

Nach § 102 Abs. 1 BetrVG ist der Betriebsrat vor jeder Kündigung anzuhören. Der Arbeitgeber hat ihm die Gründe für die Kündigung mitzuteilen. Eine ohne Anhörung des Betriebsrats ausgesprochene Kündigung ist unwirksam (§ 102 Abs. 1 S. 3 BetrVG). Das zwingende Anhörungsrecht gilt für jede Kündigung, also auch für die Änderungskündigung.

Hat der Betriebsrat gegen eine Änderungskündigung Bedenken, so hat er diese unter Angabe der Gründe dem Arbeitgeber spätestens innerhalb einer Woche[193] schriftlich mitzuteilen (§ 102 Abs. 2 S. 1 BetrVG). Der Arbeitgeber ist auch bei einem Widerspruch des Betriebsrats nicht daran gehindert, die Kündigung auszusprechen. Der Widerspruch hat nicht die Unwirksamkeit (einer ansonsten wirksamen) Kündigung zur Folge.

---

[192] → *Kapitel 3.3.3.*
[193] Soweit eine außerordentliche Änderungskündigung denkbar ist, wäre die Frist auf drei Tage reduziert (§ 102 Abs. 2 S. 3 BetrVG).

6 | Fazit

Das Thema Remote-Arbeit wird Unternehmen in Zukunft weiter begleiten. Auch wenn die zukünftige Arbeitswelt vermutlich eher hybrid als komplett remote stattfinden wird, ist die professionelle Gestaltung einer virtuellen Zusammenarbeit von Anfang an wichtig für den Unternehmenserfolg. Dieses Praxishandbuch hat Ihnen aufgezeigt, wie Sie eine solche digitale vernetzte Zusammenarbeit erfolgreich einführen und langfristig durchführen können.

Beim Thema Homeoffice und mobilen Arbeiten handelt es sich um einen komplexen Bereich mit zahlreichen rechtlichen und steuerrechtlichen Fallstricken. Dabei steht die Vereinbarkeit von Familie und Beruf (Work-Life-Balance) genauso im Vordergrund wie die damit zusammenhängenden rechtlichen wie steuerrechtlichen Fragestellungen.

Damit Sie keine bösen Überraschungen erleben und die vertragliche Ausgestaltung und rechtskonforme Umsetzung gewährleisten, sollten Sie daher unbedingt einen Steuer- oder Rechtberater hinzuziehen, der Sie bei den wichtigsten Fragestellungen rechtsicher begleitet.